医療的ケア児者等を包摂する

子ども時代からともに考え発展させる

地域福祉

山本　勇 監修

山本智子 著

北樹出版

まえがき

　福祉は、私たちの日常の生活に密接にかかわる社会的な課題であり、国を中心として制度や支援の構築や発展が推進されてきました。

　福祉についてはまた、私たちの生活における幸せにかかわる課題でもあることから、well-beingを実現するために、福祉を必要とする人々を支援や制度の決定過程に包摂し、ともに福祉を構築し発展することが求められるようになりました。

　一方、社会的な環境が変容するなか、福祉の在り方が問われるようになり、身近な地域を中心に、国や地方公共団体等の公的機関、福祉等にかかわる包括的な専門機関、事業所等の民間機関等の他に、住民等を包摂した多様な参加を確保することにより、地域を中心とする福祉への取り組みや、そのような取り組みを行う地域自体をさらに発展させるための方策や支援が講じられるようになってきています。

　福祉については、負担と給付にかかわる世代間の公平の実現等が課題とされ、主に高齢者を対象とした制度や支援に注目される傾向があるように思われますが、昨今、人工呼吸器管理等の医療的ケアを日常的に必要とする子どもたちや若者たち（医療的ケア児者等）を包摂する地域福祉の構築や発展が推進されており、子ども時代からの制度や支援が重視される動向もみられます。

　本書は、このような福祉にかかわる今日の多様な社会的課題をふまえて、課題を見出し、課題の解決のための個人および集団による学習の機会を設けながら、社会福祉に関して学習するみなさんとともに、医療的ケア児者等を包摂する子ども時代からの地域福祉について考えることを目的に執筆されました。

　本書が、これからの福祉にかかわるみなさんとともに、課題やその解決を含む探究の過程をとおして、医療的ケア児者等を包摂する子ども時代からの地域の福祉や地域の構築および発展に役立てられますことを願っています。

著　者

目　　次

社会福祉制度の歴史的展開

　福祉は、狭義には、救貧等の支援を必要とする人々が自立した生活を送ることができるように援助するウェルフェア（welfare）と理解されることがあります。一方、広義には、より積極的に人権を尊重し、人々が幸福であるように自己実現を保障することを支援するウェルビーイング（well-being）という理解がなされることもあります。救貧的なウェルフェアという理解から、一人の人間を権利主体として認めるウェルビーイングへの福祉の転換は、社会福祉にかかわる支援や制度を整備し拡充する過程として理解されています[1]。

　福祉は、社会状況の変遷に伴って展開されてきました。本講では、社会福祉の進展にかかわる歴史と主な動向に基づいて、福祉について理解し、考えてみましょう。

第1節　社会福祉にかかわる歴史と動向

1　第二次世界大戦までの社会福祉の歴史と動向

　社会福祉は、国際的に、資本主義社会を中心とする社会における政策と社会状況との関係の展開の過程で出現してきました。ヘイウッド（Heywood, A.）は、福祉等にかかわる社会政策には自由主義等のイデオロギーがかかわるとして、社会との関係における考え方や在り方を検討することの重要性について指摘しています[2]。実際に、社会福祉は、社会との関係において展開されてきました。

　イギリスでは、1601年に、「エリザベス救貧法」（43 Elizabeth, c.2）が制定されました[3]。「エリザベス救貧法」では、救済の対象が労働能力をもたない貧困者に限定され、貧困児者の就労促進が重点化されました。救済は慈善団体においても進められましたが、多様な慈善団体の活動を組織的に支援するために、1869年に、ロンドンに、「慈善救済組織化および乞食（Mendicity）抑制のため

の協会」（Society for Organizing Charitable Relief and Repressing Mendicity）が創設されました。同協会は1870年に「慈善組織協会」（Charity Organization Society, COS）に改名されましたが、援助の対象を救済に値する貧困者（the deserving poor）に限定する選別主義が採用されていました。

　一方、19世紀末には、民間を中心に、大都市のスラム問題の解決のために、貧困に対するスラム住民の意識改革を目的とするセツルメント（settlement）活動がみられるようになりました。具体的には、1884年のロンドンにおける「トインビー・ホール」（Toynbee Hall）の創立にかかわるオックスフォード大学の経済史学者であるアーノルド・トインビー（Toynbee, A.）らがスラムに入って住み込み、貧困者との人格的な接触を通じて福祉の向上を図る事業に取り組むようになりました。セツルメント活動は、1889年にシカゴにジェーン・アダムス（Addams, J.）やスター（Starr, E. G.）らによって「ハル・ハウス」（Hull House）が開設されるなど、1890年代に工業生産国として世界第1位になったアメリカにおいても、急速に発展していきました。

　この頃から、アメリカでは、ケースワーク（個別援助技術）の方法やケースワーカー（個別援助技術者）の訓練等が開発されたり、リッチモンド（Richmond, M. E.）によるコミュニティオーガニゼーションに代表される社会福祉の実践理論にかかわる先駆的な実践が展開されたりしました。

　このような動向に影響を与えた活動の契機として、1877年にバッファローの慈善組織協会（Charity Organization Societies, COS）において実施された友愛訪問が挙げられます。友愛訪問とは、地域のボランティア等が高齢者等の支援を必要とする人々の自宅等を個別に訪問し、地域の人々がともに支え合う友愛精神を育てる活動です。アメリカでは、地域社会において活動する慈善団体の情報交換の場として、1881年までにフィラデルフィアやデトロイト等の10の都市で始まり、全米の主要都市に展開しました。友愛訪問における綿密な調査や、中央および地方の委員会によるケースの分析、ケース・ペーパーの集積等は、今日の社会福祉におけるケースワークの手法や教育等に役立てられてきました。

　19世紀末にはまた、1879年にアメリカのジョージ（George, H.）によって『進歩と貧困』（*Progress and Poverty*）が執筆され、著名な劇作家等として評価さ

れたイギリスのバーナード・ショウ（Shaw, G. B.）やともに社会科学研究者であったウェッブ夫妻（Webb, S. & B.）らが所属し福祉国家の形成に影響を与えたフェビアン協会（Fabian Society）が設立されるなど、社会主義の台頭がみられるようになりました。1886年にはチャールズ・ブース（Booth, C.）によりイギリスのヨークにおいて貧困調査が実施され、「貧困線」の概念（concept of poverty line）が導入されて、貧困の原因が不安定な就労や低賃金等の社会経済的な原因によることが多いことが明らかにされるようになりました。

1929年には、イギリスにおいて、保健大臣のチェンバレン（Chamberlain, A. N.）が地方自治法（Local Government Act）を議会に提出し、救済と関連サービスが公的扶助委員会（Public Assistance Committee）によって実施されることになり、貧民の救済に関する救貧法が実質的に廃止されました。

また、アメリカでは、1933年に、フランクリン・ルーズベルト（Roosevelt, F.）により、ニューディール（New Deal）政策（大恐慌による不況を克服するために実施された一連の社会経済政策）が採用されました。「連邦緊急救済法」（Federal Emergency Relief Act, FERA）の成立に伴い、失業給付として補助金を直接州に交付し、連邦救済局を設置して単一の連邦組織下において連邦救済が実施されることになり、補助金を民間団体の助成に流用することを禁じて救済責任を明確化し、救済行政への専門職の雇用等が推進されるようになりました。また、「社会保障法」（Social Security Act）が制定され、連邦直営方式の老齢年金と、連邦が補助する州営の失業保険が実現されて、母子保健や、児童福祉、肢体不自由児の支援等にかかわる州への補助金制度等が導入されました。

2　第二次世界大戦以後の社会福祉の歴史と動向

第二次世界大戦下のイギリスでは、「ベヴァリッジ報告」（Beveridge Report）等をとおして「ゆりかごから墓場まで」という社会保障の思想と体系の原点が示されました。その3つの原則として、「保険と扶助に関する全システムを抜本的に改革しなければならない」こと、「社会保険は5人の巨人（貧窮、疾病、無知、不潔、無為）と密接に関連する」こと、そして、「国の責任はナショナル・ミニマムの確保である」ことが挙げられました。また、アメリカでは、ジ

ョンソン大統領（Johnson, L. B.）が貧困戦争（War on Poverty）に宣戦を布告し、「経済機会法」（Economic Opportunity Act）の下に、都市・地方コミュニティ行動（Urban and Rural Community Action）等を実施しました。また、アメリカでは、1950年代後半から黒人に対する政治的・経済的・社会的な差別の撤廃を求めて展開された公民権運動等の影響により、1960年代に、公的扶助受給者を中心とした、福祉権運動が展開されるようになりました。1967年には、「全国福祉権組織」（National Welfare Rights Organization, NWRO）が制定され、社会福祉士の新たな役割として、当事者に代わって権利を擁護する代弁的な役割（advocate role）が注目されるようになりました。アメリカでは、1918年にアメリカソーシャル・ワーカー協会（American Association of Social Workers）が創設され、1955年に全米ソーシャル・ワーカー協会（National Association of Social Workers）に改名されるなど、全国的な組織に発展する過程で、その役割や専門性にも拡がりがみられるようになります。

　一方、1980年代のサッチャー（Thatcher, M.）政権下のイギリスでは、保健や医療、教育や住宅等の民営化を柱とする政策が推進されるようになりました。これらは、福祉国家の公共独占が個人の自由を侵害するとして、政府の役割を縮小した緊縮財政による小さな政府に転換するニューライト（New Right）といわれる政治的立場を主張する、新自由主義（ネオリベラリズム）に基づいた政策です。新自由主義では、個々人の企業活動の自由とその能力とが無制約に発揮されることにより人類の富と福利が最も増大すると考えられ、社会福祉に関して、福祉サービスの供給主体の決定に競争入札制度を導入した市場化テストが実施されるようになりました。

　1997年のブレア（Blair, T.）政権下になって、働くための福祉プログラムにより、働くことが可能な場合に就労を促進する政策が展開されるようになりました。さらに、競争入札制度を廃止して、ベスト・バリュー制度を導入し、地方の自主性が尊重されるようになりました。また、アメリカにおいては、1980年のレーガン（Reagan, R.）の大統領就任により、小さな政府と市場原理を重視する新保守主義的改革が推進されるようになりました。1993年からのクリントン（Clinton, W. J.）大統領政権下では、就労を通じた福祉を実現するワーク

フェア政策が展開され、雇用機会の創出が重視されるようになりました。

　日本では、第二次世界大戦終戦後の1945年にGHQ（連合国軍総司令部）による「社会救済」（SCAPIN775）において「国家責任」、「無差別平等」、「公私分離」、「最低生活保障」等の基本原則が示され、1949年までに福祉三法（生活保護法、児童福祉法、身体障害者福祉法）が相次いで制定されました[4]。1961年には、国民健康保険法や国民年金法に基づいて、国民皆保険制度や国民皆年金制度が実現されました。1964年までには福祉六法（福祉三法＋精神薄弱者福祉法〔精神薄弱の用語の整理のための関係法律の一部を改正する法律に基づいて精神薄弱者を1998年に知的障害者に改める〕、老人福祉法、母子福祉法）が制定され、1973年には「経済社会基本計画」が策定されて、活力ある福祉社会の実現を目的とする「福祉元年」が宣言されました。しかし、オイルショックを契機に福祉見直し論が主張されるようになり、1979年の「新経済社会7ヵ年計画」では、自助努力を基本とし、家庭福祉等が十分に機能しない場合の補完政策として社会保障を位置付ける日本型福祉社会の構想が示されるようになりました。

　このような動向がみられる中、1980年代後半以降に、イギリスやニュージーランド等を中心とするOECD（Organization for Economic Co-operation and Development：経済協力開発機構）加盟国において、「ニュー・パブリック・マネジメント」（New Public Management, NPM）が導入されるようになりました[5]。

　社会福祉政策は、ティトマス（Titmuss, R. M.）によれば、家族や市場が機能しない場合に公的福祉を提供する「残余的福祉」モデル、労働市場における個人の生産性や功績による「産業的業績達成」モデル、制度に基づく普遍主義的サービスを提供する「制度的再分配」モデルに類型化されると考えられています[6]。「ニュー・パブリック・マネジメント」をふまえた社会福祉政策においては、明確な基準に基づく評価が実施され、国民に対する説明責任（アカウンタビリティ）を果たすことが求められます。

　イギリスにおいて1942年に発表された「ベヴァリッジ（Beveridge W. H.）報告」は、日本における社会福祉制度等の構築にも多大な影響を与えてきました。前節でもみたように、この報告では生活のリスクとして「5人の巨人」が挙げられています。「5人の巨人」には、貧窮（want）、疾病（disease）、無知（ignorance）、不潔（squalor）、無為（idleness）が含まれており、生活との関係においては、保健医療の他に、居住、教育の機会、所得や雇用等にかかわる包括的な支援が必要であると考えられてきました。

　今日、日本では、福祉事務所、地域包括・在宅介護支援センター、社会福祉事業従事者、社会福祉施設、介護保険事務従事者や、社会福祉協議会等にわたる法定化された福祉資源を中心に、社会福祉にかかわる包括的な支援が実施されつつあります。特に、生活において医療的ケアを必要とする医療的ケア児者への支援策については、保健医療との関係を重視する傾向が見られます。医療的ケア児とは、医学の進歩を背景として、NICU等に長期入院した後、引き続き人工呼吸器や胃ろう等を使用し、たんの吸引等の医療的ケアが日常的に必要な子どもをいいます[7]。保健医療をはじめ、福祉等を含む包括的な支援や、多職種の連携の必要性が指摘されています。

　包括的な支援と保健医療に関して、2014年に成立した「地域における医療及び介護の総合的な確保を推進するための関係法律の整備等に関する法律」（平成元年　法律第64号。「医療介護総合確保推進法」）では、「地域における効率的かつ効果的な保健医療提供体制の確保」の他、「新たな基金の創設と医療・介護の連携強化」、そして「地域包括ケアシステムの構築と費用負担の公平化」等を中心に、保健医療提供体制の確保に関する規定が行われました。

　さらに、2017年の「社会福祉法」（昭和26年　法律第45号）の改正、ならびに、「地域包括ケアシステムの強化のための介護保険法等の一部を改正する法律」（平成29年　法律第52号）の公布に伴って、「市町村が包括的支援体制づくりに努めること」とともに、「地域福祉計画の充実」や「『我が事・丸ごと』の地域福祉推進理念」について規定され、福祉にかかわる包括的支援に関して地域福

祉の理念に基づいて推進することが明記されました。医療的ケア児の支援では、保健医療をはじめ、福祉や教育、子育て等にわたることや、地方公共団体の担当窓口が異なることなどから、情報の収集や支援の利用に関するアクセスが必ずしも容易でないことをふまえる必要があります。

　社会福祉に関連する日本の特徴の一つとして、自然災害の多さと多様性が挙げられます。特に医療的ケア児者は、災害時の避難方法や医療機器の電源確保などに関して大きな影響を受ける場合があるため、適切な対策と支援が求められます。

　災害対策に関して、1947年に制定された「災害救助法」（昭和22年　法律第118号）では、災害により被害を受けるまたは被害を受けるおそれのある者の保護等のための国や地方公共団体等の適用基準や運用に関して定められました。前者の適用基準に関しては、住家等への被害が生じた場合（第1〜3号基準）や、生命・身体への危害が生じた場合（第4号基準）の災害救助法の適用の基準が示されました。また、後者の運用に関して、医療および助産の他に、避難所および福祉避難所の設置、応急仮設住宅の供与、炊き出しその他による食品の提供、飲料水の供給、被服・寝具その他生活必需品の給与または貸与、被災者の救出、住宅の応急修理、学用品の給与や、障害物の除去、死体の捜索・処理や、埋葬等が含まれました。

　また、1959年に制定された「災害対策基本法」（昭和36年　法律第223号）に基づいて、予防から応急、そして復旧・復興というフェーズに応じた対策が講じられたり、罹災証明書の発行をとおした支援が行われたりするようになりました。

　阪神・淡路大震災が発生した1995年には、「被災者生活再建支援法」（平成10年　法律第66号）が成立し、被災者生活再建支援金が支給されるようになりました。

　人工呼吸器の管理等が必要な医療的ケア児者は、避難時の支援に加えて、停電に伴う電源の確保も課題になります。具体的には、居住地の電力会社への事前登録や、バッテリーや発電機等の非常用電源の確保等が挙げられます。避難に関しては、入院が必要な場合の保健医療機関の確保や、必要に応じて福祉的

な支援を得ることが可能な避難所の整備が求められます。厚生労働省は、医療的ケア児等の医療情報を共有するシステムの導入を進めており、主治医等により入力された診療情報を、必要に応じて保健医療機関以外でも提示できるようにすることにより、災害時の保健医療機関の確保を支援しています[8]。

2017年には「災害時難病患者個別支援計画を策定するための指針（改訂版）」が示され、こうした指針に基づいた個別支援計画の策定等を進めることにより、災害時等に支援が必要な医療的ケア児者等の確認や必要な支援が検討されています[9]。また電源の確保に関しては、医療的ケア児者等にかかわる保健医療機関等から、外部電源の確保、その他の電源確保対策や、事前の災害対策等についてのマニュアルが作成され、公開されています[10]。

このように、社会福祉においては、医療的ケア児者等を含む社会的包摂（Social Inclusion：ソーシャルインクルージョン）が推進されつつあります。20世紀末以降、先進諸国においては、自立支援や、ワークファースト（就労による自立のための支援）に加えて、アクティベーション（社会参加支援）や、社会的包摂を社会的投資として位置づけ、人間らしい生活の実現を社会福祉の目的とする動向もみられます[11]。医療的ケア児者等を含む社会福祉の実現においては、社会参加支援や社会的包摂を推進するとともに、どのような生活や福祉の実現が人々や社会におけるwell-beingを促進するのか、医療的ケア児者等とともにこれを実現し発展させる支援やその過程における、さらなる探究が求められるところです。

 註

1）宮嶋淳「『失われた10年』を前に、社会福祉教育のパラダイムをどこに求めるのか」『NEWS LETTER』日本社会福祉教育学会，21，2014，pp.1-2．
URL: https://www.jsswe.org/issues/news-letter/post-330.html（accessed 20 February 2022）．
2）Andrew Heywood, *Political Ideologies An Introduction*（3rd Edition），Palgrave Macmillan, 2003.
3）岩崎晋也・白澤政和・和気純子監修，岩崎晋也・金子光一・木原活信編著『新・

　MINERVA社会福祉士養成テキストブック1　社会福祉の原理と政策』ミネルヴァ書房，
　2020.
　ガーランド，D.著，小田透訳『福祉国家　救貧法の時代からポスト工業社会へ』白水社，
　2021.
4）岩田正美・上野谷加代子・藤村正之『ウェルビーイング・タウン　社会福祉入門（改訂
　版）』有斐閣，2013.
　山縣文治・岡田忠克編『やわらかアカデミズム・〈わかる〉シリーズ　よくわかる社会福
　祉（第11版）』ミネルヴァ書房，2016.
5）財務総合政策研究所「『民間の経営理念や手法を導入した予算・財政のマネジメントの
　改革』報告書について」2001.
　URL: https://www.mof.go.jp/pri/research/conference/zk053.htm（accessed 20 February
　2022）.
6）ティトマス，R. M.著，三浦文夫監訳『社会福祉と社会保障　新しい福祉をめざして』東
　京大学出版会，1971.
7）厚生労働省「医療的ケア児等とその家族に対する支援施策」.
　URL: https://www.mhlw.go.jp/stf/seisakunitsuite/bunya/hukushi_kaigo/shougaishahukushi/
　service/index_00004.html（accessed 29 December 2022）.
8）厚生労働省「医療的ケア児等医療情報共有システム（MEIS）について」.
　URL: https://www.mhlw.go.jp/stf/newpage_09309.html（accessed 16 February 2022）.
9）平成28年度厚生労働科学研究費補助金　難治性疾患等克服研究事業　難治性疾患等政策
　研究事業「難病患者の地域支援体制に関する研究」班「災害時難病患者個別支援計画を策
　定するための指針（改訂版）」2017.
　URL: https://www.nanbyou.or.jp/wp-content/uploads/upload_files/saigai.kaitei.pdf
　（accessed 16 February 2022）.
10）国立研究開発法人国立成育医療研究センター「医療機器が必要な子どものための災害対
　策マニュアル　電源確保を中心に（改訂版）」2019.
　URL: https://www.ncchd.go.jp/hospital/about/section/cooperation/shinsai_manual.pdf
　（accessed 16 February 2022）.
11）仁平典宏「〈教育〉化する社会保障と社会的排除　ワークフェア・人的資本・統治性」
　『教育社会学研究』96,2015，pp.175-196.

参考文献

岩﨑晋也・白澤政和・和気純子監修，岩崎香・小澤温・與那嶺司編著『新・MINERVA社会
　福祉士養成テキストブック11　障害者福祉』ミネルヴァ書房，2021.
小熊英二『日本社会のしくみ　雇用・教育・福祉の歴史社会学』講談社，2019.
金子光一『社会福祉のあゆみ　社会福祉思想の軌跡』有斐閣，2005.

酒井正『日本のセーフティネット格差　労働市場の変容と社会保険』慶應義塾大学出版会，
　2020.
清水教惠・朴光駿『やわらかアカデミズム・〈わかる〉シリーズ　よくわかる社会福祉の歴
　史』ミネルヴァ書房，2011.
右田紀久惠・古川孝順・高沢武司編『社会福祉の歴史　政策と運動の展開（新版）』有斐閣，
　2001.

第2講

地 域 福 祉

　社会福祉に関しては、生活により身近な地域を中心とする福祉について、住民等を含む多様な参加を確保し、ともに実現することを探究する地域福祉を推進する動向がみられます。

　本講では、社会福祉に関して地域福祉が重視されるようになった過程を確認しながら、地域福祉やその在り方に関して考えてみましょう。

第1節　社会福祉にかかわる動向

　福祉政策の目的は、人々のニーズを満たすことにより、福祉（well-being）を促進することにあります。福祉の促進においては、社会保障制度等の公的な制度に基づいて資源が人々に提供されますが、資源の提供は様々な形態によって実現されます。

　代表的な形態には、政府や企業によるものが挙げられます。ティトマス（Titmuss, R.）は、1955年に、政府による社会福祉の他に、財政福祉や企業福祉が存在すると指摘し、「福祉の社会的分業」（Social Division of Welfare）という考え方を示しました[1]。財政福祉とは政府による税の減免措置であり、企業福祉とは、賃金以外に企業から労働者に支給される、一般に福利厚生といわれるものです。

　福祉サービスの供給の担い手を考える上で、公共セクターと民間セクターという区分がされることがあります。国や地方自治体は、公共セクターに位置づけられます。19世紀以前のレッセ・フェール（自由放任）下では、「夜警国家」（Lassalle, F.）のように、国家の役割が外交と治安維持に限定されることもあ

りましたが、20世紀の福祉国家体制下においては、国民の生活の維持にかかわる責任が強調されるようになりました[2]。

　公共セクターによる福祉施策には、法律等に基づき、租税や社会保険を財源として、強制力をもって福祉サービスを供給するという特性がみられます。また今日の公共セクターは、他のセクターがサービスを円滑に供給するための条件や環境を整備する、条件整備国家（Enabling State）としての役割を担うことがあります。多様なニーズを充足することにかかわる資源の総量は限られることから（資源の希少性）、各セクター間の調整を図る役割を果たすことが期待されます。特に、都道府県や市町村等には、国の指針等に基づいて、福祉サービスの供給体制に関する福祉計画を策定するなどして、必要なサービスの確保と拡充を図ることが求められています。

　一方で、会社や事業所、個人事業主等にわたる企業は、民間営利セクターに位置づけられます。

　企業の特性は、市場を介してビジネスとして利潤を追求しながら福祉サービスを供給することにあります。今日、福祉サービスの供給において民営化（市場化）の試みが進められる場合、政府が条件整備国家としての役割を担い、財源の調達や法に基づく管理や監督を行う準市場（quasi-market）といわれる形態がみられることがあります[3]。準市場（疑似市場・擬似市場）とは、主に医療・福祉など計画的に運営される公的サービスにおいて、部分的に市場原理の要素を取り入れる形態を指します。準市場では、必要なサービスや、そのサービスがどのような効果をもつのかについての情報が利用者に提供されることで、情報にかかわる非対称性が解消されることが期待されています（第3講も参照）。

　2000年代以降、障害児者等との地域共生社会実現の構想に基づいて、生活保障が自助努力へと減退されることがないように、ボランティア等を含む多様な資源への期待が寄せられる一方、改めて公共セクターの役割をあわせて問う傾向がみられます[4]。

第2節　地域福祉にかかわる動向

　国や地方公共団体等の公共セクター、そして企業を中心とする民間セクターによる社会福祉が促進される中、イギリスのウルフェンデン委員会により1978年に報告された『ボランタリー社会の未来』等では、非営利性に基づくボランタリー組織等が福祉の供給に果たす役割の重要性を強調する「福祉多元主義」(Welfare Pluralism) という考え方が示されるようになりました[5]。福祉多元主義では、福祉国家体制下の公共による決定システム (Statutory System) や、企業の市場に基づく商業システム (Commercial System)、家族等によるインフォーマルなシステムに加えて、ボランティア等によるボランタリーなシステムにわたる、異なる供給システムがそれぞれの役割を果たすことにより、多元的な供給体制が維持されると考えられています。

　福祉多元主義においては、福祉サービスの供給が、公共セクター、民間営利セクター、インフォーマルセクター、民間非営利セクター（ボランタリー）の4つに区分されます。

　このうち民間非営利セクターには、ボランティア団体や慈善団体をはじめ、社会福祉法人、特定非営利活動 (NPO) 法人や、生活協同組合、ネットワークやピア・サポート等にかかわる自発的な団体、住民参加型の福祉組織等が含まれ、サードセクターといわれることもあります。ペストフ (Pestoff, V.) は、こうした非営利の活動に従事する民間セクターを、特にアソシエーション (Association) と称しています[6]。民間非営利セクターには、公共セクターの役割を補ったり促したりするだけでなく、企業など民間営利セクターのCSR (Corporate Social Responsibility　企業の社会的責任) にかかわる活動に関して、連携・協働する役割も期待されています。

　また、民間非営利セクターによる社会的な活動においては、同じく必ずしも組織化されていないインフォーマルなセクターである地域の社会活動との協働にも注目されます。住民等を含む地域福祉にかかわるサードセクターでは、地域が日常の生活に身近に関係することから、コミュニティにおけるニーズと資源（リソース）を包括的に理解して実践することを支援する「コミュニティ・

プロファイル」（Percy-Smith, J.）が活用されることがあります[7]。コミュニティ・プロファイルは、ニーズや資源にかかわる地域の姿を描いたものです。コミュニティ・プロファイルは、地域における生活の質を向上させる住民主体の積極的なかかわりに基づきます。

　このように、福祉の供給にかかわる統治は、政府中心の統治（ガバメント）から、政府と協働する企業主体のガバナンス、さらに、地域を主体とするローカルガバナンスへと、変化と拡がりがみられます[8]。

　また、地域福祉にかかわる住民参加のルートの確保については、社会的排除（ソーシャル・エクスクルージョン）を克服し、社会的包摂（ソーシャル・インクルージョン）を実現する観点からも重視されています。地域を構成する住民を主体とする、多様な社会的参加を実現することは、地域共生社会を共創するうえで大切なことであると考えられます。福祉にかかわる課題の発見や、解決の過程に参加することで、他者への信頼やネットワークが構築され、地域における社会関係資本（social capital）が発展することも期待できます。この過程において、人々や組織等の諸能力にかかわるレジリエンスの強化等を含む、生活や地域にかかわる肯定的な価値を増大することにより、福祉を人への積極的な投資としてとらえるポジティブ・ウェルフェア（参加型社会保障）の実現が求められてきています（第13講を参照）。

 註

1 ）Richard M. Titmuss. *The Social Division of Welfare*. University Press. 1956.
2 ）Victor A. Pestoff, A. *Between Market and Politics:Co-operatives in Sweden*. Westview Press, 1992.
3 ）京極髙宣「準市場と「社会市場」」『季刊社会保障研究』国立社会保障・人口問題研究所, 44（1）, 2008, pp.2-3.
4 ）一般社団法人人とまちづくり研究所「地域共生社会の実現に向けた政策のあり方及び事業展開に関する国際比較調査研究事業　報告書」2020.
5 ）ジョンソン, N.著, 岩満賢次・正野良幸・山本隆訳「福祉の混合経済　国際比較の視点」『立命館産業社会論集』42（3）, 2006, pp.165-171.
6 ）松元一明「市民活動による市民セクターの生成　Ｐ・Ｌ・バーガーの理論とペストフの

図式を利用して（1）」『成蹊大学文学部紀要』50, 2014, pp.177-200.

松元一明「市民活動による市民セクターの生成　P・L・バーガーの理論とペストフの図式を利用して（2）」『成蹊大学文学部紀要』51, 2016, pp.175-192.

7）ホーティン, M.・パーシー-スミス, J.著，清水隆則監訳『コミュニティ・プロファイリング　地域のニーズと資源を描く技法』川島書店，2018.

8）厚生労働省「地域における『新たな支え合い』を求めて　住民と行政の協働による新しい福祉」2008.

URL: https://www.mhlw.go.jp/shingi/2008/03/s0331-7a.html（accessed 20 February 2022）.

参考文献

上野谷加代子・松端克文・永田祐編著『やわらかアカデミズム・〈わかる〉シリーズ　新版よくわかる地域福祉』ミネルヴァ書房，2019.

加山弾・熊田博喜・中島修・山本美香『ストーリーで学ぶ地域福祉』有斐閣，2020.

新川達郎・川島典子編著『地域福祉政策論』学文社，2019.

原田正樹・藤井博志・渋谷篤男編『地域福祉ガバナンスをつくる』全国社会福祉協議会，2020.

藤井博志編『シリーズはじめてみよう1　地域福祉のはじめかた　事例による演習で学ぶ地域づくり』ミネルヴァ書房，2019.

宮城孝・日本地域福祉学会地域福祉と包括相談・支援システム研究プロジェクト編著『地域福祉と包括的支援システム　基本的な視座と先進的取り組み』明石書店，2021.

第3講

医療的ケア児者等と地域福祉

前講では、社会福祉から地域福祉が重視されるに至る動向を中心に確認しました。
本講では、医療的ケア児者等の関係において地域福祉がどのように考えられるか
を探究します。

第1節　社会福祉から地域福祉への展開

　19世紀に、工業社会に移行する近代化に伴い、労働力により賃金を得て生活
を営む、労働力の商品化が生じました。近代社会においては、男性が賃労働に
従事し女性が無償で家族をケアする近代家族が、標準的なモデルとされました。
近代家族の自助においては、稼ぎ手の失業、疾病、障害や、死亡等がリスクと
して懸念されます。近代社会における社会政策の導入にあたっては、こうした
近代家族の自助にかかわるリスクが社会福祉の対象とされました[1]。

　第二次世界大戦後には、先進工業諸国を中心に、福祉国家化が進行するよう
になりました。福祉国家においては、一般市民を対象とする広義の社会福祉と、
経済的自立を期待しにくい市民を対象とする狭義の社会福祉との、二重構造が
みられました。

　そして、脱工業社会化が進む21世紀には、社会的排除とその包摂が福祉国家
の課題に加わります。今日の社会的排除のリスクは、障害者の他に、高齢者、
非正規雇用者や、ひきこもり当事者等にも及びえます。福祉サービスへの公平
なアクセスを保障する平等化の理念から、このような社会的に排除された市民
をいかに社会に包摂するかが課題とされるようになりました。

　1990年代にイギリスのブレア政権において上級政策顧問を務めたルグラン

（Le Grand, J.）は、よい公共サービスの条件として、「質」と「効率」に加えて、「アカウンタビリティ」（accountability；説明責任）の確保を挙げています[2]。そのうえで、利用者のニーズに応答的であるだけでなく、サービスを公平に提供するために、よい公共サービスの条件を備えていると主張し、「利用者の選択に基づくモデル」に関して、利用者の「ニーズ」の充足と「公平性」（equity）を合わせて実現することを求めています。ルグランが提唱する「準市場」のモデル（quasi-market）（前講第1節参照）は、市場における競争や選択を取り入れながら、多様な参加の過程での利用者のエンパワメントを重視し、福祉サービスへのアクセスにおける不平等を別な側面から回避する理論として捉えられることがあります。「準市場」という理論の評価については今後実態を検証したうえで検討される必要がありますが、地域福祉の確立においては、シティズンシップ（市民権）にかかわる権利擁護の観点から、住民参加を含む地域福祉計画の導入が求められています。

　マーシャル（Marshall, T. H.）は、シティズンシップに関して、ある共同社会の完全な成員である人々に与えられる地位身分であって、この地位身分をもつすべての人々が地位身分に付与された権利と義務において平等であると指摘しています[3]。シティズンシップは、思想・言論の自由や裁判に訴える権利等の市民的要素の他に、政治権力の行使に参加する権利等の政治的要素や、社会の標準的水準にてらして文明市民として生活する権利等にわたる社会的要素の、3つの要素によって成立すると考えられており、福祉国家における福祉の利用にかかわる権利として、保障することが求められています。

第2節　地域福祉と医療的ケア児者

　医療的ケア児者とは、2021年に施行された「医療的ケア児及びその家族に対する支援に関する法律」（令和3年　法律第81号。以下「医療的ケア児支援法」）に基づけば、日常生活および社会生活を営むために、医療的ケア（人工呼吸器による呼吸管理、喀痰の吸引その他の医療行為）を恒常的に受けることが不可欠である、子ども（18歳以上の高校生等を含む）や、それ以上の年齢の若者をいい

ます。医療的ケア児者の障害の状況は多様で、肢体不自由や知的な障害を伴わない場合もありますが、医療の進歩等に相まって人数は年々増加する傾向にあります。

2016年に施行された改正児童福祉法では、医療的ケア児等が心身の状況に応じた適切な保健医療、福祉その他の関連分野の支援を受けることができるように、都道府県や市町村等の地方公共団体に対して、保健医療、福祉その他の関連分野の支援を行う機関との連絡調整を行うための体制の整備に関して、必要な措置を講じるように努めなければならないことが定められました。

また、障害福祉サービスについては、介護報酬等の改定をはじめ、講師等の人材育成、保育支援のモデル事業における看護師の配置、学校における医療的ケアの実施体制の構築、専門職や専門機関の支援、障害児の受け入れの推進や、相談支援等をとおした子育て支援も推進されることになりました。

このように、医療的ケアを含めた地域福祉の進展は、利用者の個人的また家庭としての私的なニーズが満たされるだけでなく、社会的な公平性が実現される上でも、重要な役割を果たすことが期待できます。また、地域福祉を発展させる過程は、「医療的ケア児者等のために」といった医療的ケア児者等への一方向的な関係性から、「医療的ケア児者等との」という、双方向的な関係性への転換を推進することにもつながりえます。このような関係性の発展については、医療的ケア児者等を含む地域住民のインフォーマルな関係、あるいはボランタリーにかかわるセクターを包摂した多様な関係の社会的包摂により、医療的ケア児者等とともに、地域の福祉や、地域の発展に役立てられうるものと考えられます。

実際に、地域においては、利用者が日中通う場所であり、また、活動範囲を広げたり、就学を支援したり、さらに、母親の社会復帰を支えたりする運営にかかわる実践がみられるとともに、こうした実践のための制度や資源が不足していることが指摘されています[4]。このように、先駆的に進みつつある地域福祉実践を推進するための制度や支援の発展が求められます。

註 ─────────────────────────────

1）岩崎晋也・白澤政和・和気純子監修, 岩崎晋也・金子光一・木原活信編著『新・
 MINERVA社会福祉士養成テキストブック1 社会福祉の原理と政策』ミネルヴァ書房,
 2020.
 ガーランド, D.著, 小田透訳『福祉国家 救貧法の時代からポスト工業社会へ』白水社,
 2021.
2）ルグラン, J.著, 郡司篤晃訳『公共政策と人間 社会保障制度の準市場改革』聖学院大
 学出版会, 2008.
3）マーシャル, T. H.・ボットモア, T.著, 岩崎信彦・中村健吾訳『シティズンシップと社
 会的階級 近現代を総括するマニフェスト』法律文化社, 1993.
4）「オレンジキッズケアラボ」.
 URL: https://carelab.jp/lp/?gclid=CjwKCAiA76-dBhByEiwAA0_s9f65KjS4r--hZrNYBN3D
 i6c1fDSWWEFEAamRMIfICVAVB1H3kiZJjxoCBK4QAvD_BwE（accessed 29 December
 2022).

参考文献

岩崎晋也・白澤政和・和気純子監修, 岩崎香・小澤温・與那嶺司編著『新・MINERVA社会
 福祉士養成テキストブック11 障害者福祉』ミネルヴァ書房, 2021.
小川公代『ケアの倫理とエンパワメント』講談社, 2021.
小澤温編『やわらかアカデミズム・〈わかる〉シリーズ よくわかる障害者福祉（第7版）』
 ミネルヴァ書房, 2020.
柏女霊峰『子ども家庭福祉における地域包括的・継続的支援の可能性 社会福祉のニーズと
 実践からの示唆』福村出版, 2020.
木村容子・有村大士編『新・基礎からの社会福祉7 子ども家庭福祉（第3版）』ミネルヴ
 ァ書房, 2021.
倉石哲也・伊藤嘉余子監修, 倉石哲也・大竹智編著『MINERVA
 はじめて学ぶ子どもの福祉4 子ども家庭支援』ミネルヴァ
 書房, 2020.
トロント, J. C.著, 岡野八代訳『ケアするのは誰か？ 新しい民
 主主義のかたちへ』白澤社, 2020.
柏女霊峰『子ども家庭福祉論（第6版）』誠信書房, 2020.
山下幸子・竹端寛・尾﨑剛志・圓山里子『新・基礎からの社会
 福祉4 障害者福祉（第3版）』ミネルヴァ書房, 2020.

第4講

共生社会の実現と地域福祉

　共生社会の実現は、社会福祉にかかわる国際的な課題として探究されてきました。地域福祉が注目される今日、共生社会の実現は、地域福祉との関係においても重視されるようになっています。

　本講では、地域福祉にかかわる共生社会の実現についての基本的な考え方を示したうえで、医療的ケア児者等を包摂した子ども時代からの在り方に関して考えたいと思います。

第1節　地域共生社会と地域福祉

　共生社会とは、制度・分野ごとの縦割りや支え手と受け手といった関係を超えて、地域住民や地域の多様な主体が参画し、人と人、人と資源が世代や分野を超えてつながることで、住民一人ひとりの暮らしと生きがい、地域をともに創っていく社会をいいます[1]。人口減少による担い手の不足や血縁・地縁・社縁のようなつながりの弱まりといった現状をふまえ、人と人、人と社会がつながり合う取り組みが生まれやすいような環境を整える新たなアプローチをとおして、多様化・複雑化する福祉ニーズに対応することが求められています。

　共生社会の実現は、子ども時代からの福祉の在り方において、最も積極的に取り組むべき課題として重視されてきました[2]。これまで障害者等が必ずしも十分に社会参加できる環境になかったことをふまえ、障害者等を含む誰もが相互に人格と個性を尊重して支え合い、人々の多様な在り方を相互に認め合える全員参加型の社会として、共生社会の実現が求められています。

　今日、特に福祉分野では、地域を基盤とする包括的支援との関係から、家庭や社会の変化に伴って、地域の複雑化する支援ニーズに対応することが求めら

れるようになってきています。人口減少社会にあって、福祉にかかわる専門職等の配備と、質を確保した支援の実現が目指されるとともに、地域の支援ニーズの変化に対応するために、誰もが支え合う地域共生社会の実現が重視されるようになっています。

　2015年には、「誰もが支え合う地域の構築に向けた福祉サービスの実現—新たな時代に対応した福祉の提供ビジョン—」（「新福祉ビジョン」）が提示されました[3]。このビジョンでは、人材の生産性の向上と効率的なサービス提供体制の確立をはじめ、福祉の対象を高齢者に限定するのではなく、子どもや若者を含む全世代の全対象型の地域包括支援を実現する新しい地域包括支援体制を確立するために、コーディネーター等を含む総合的な福祉人材の確保や育成の必要性が示されました。また、地域共生社会を実現するために、2016年には改革の基本コンセプトとして「ニッポン一億総活躍プラン」が閣議決定され、2017年には当面の改革工程として「我が事・丸ごと」が地域共生社会実現本部により決定されました。

　これらの動向を経て、地域における福祉問題を、我が事として受けとめて対応できる包括的相談支援体制を構築するために、「地域の課題の解決力を強化」し、「地域丸ごとのつながりの強化」をとおして、「地域を基盤とする包括的支援の強化」と、これにかかわる「専門人材の機能の強化や最大の活用」が求められるようになりました。

　さらに、2020年に公布された「地域共生社会の実現のための社会福祉法等の一部を改正する法律」（令和2年　法律第52号）では、従来の分野別で縦割りとなっていた福祉制度では地域住民等の複雑化・複合化する支援ニーズに対応できないとして、市町村等による包括的な支援体制の構築を目指し、「断らない相談支援」「参加支援」「地域づくりに向けた支援」を実施する重層的支援体制整備事業を推進する方針が定められました（図4-1）。

　社会福祉法等の一部を改正する法律の趣旨は、地域共生社会の実現にあります。2021年に施行された改正社会福祉法の第4条には、地域住民等が「社会、経済、文化その他あらゆる分野の活動」に参加する機会が確保されるように、ともに「地域生活課題」を見出し、解決を図り、地域の福祉を推進することが

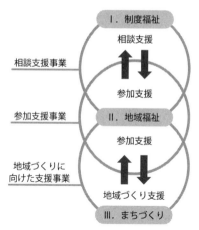

（出典：厚生労働省, 2021, p.17）

図4－1　重層的な支援体制を構築する事業の構造

定められています（表4－2）。

表4－2　改正　社会福祉法（第4条）

改正　社会福祉法（第4条）〔令和3年4月施行〕
※ 下線部は今回の改正・新設部分 （地域福祉の推進） 第4条　地域福祉の推進は、地域住民が相互に人格と個性を尊重し合いながら、参加し、共生する地域社会の実現を目指して行われなければならない。（新設） 2　地域住民、社会福祉を目的とする事業を経営する者及び社会福祉に関する活動を行う者（以下「地域住民等」という）は、相互に協力し、福祉サービスを必要とする地域住民が地域社会を構成する一員として日常生活を営み、社会、経済、文化その他あらゆる分野の活動に参加する機会が確保されるように、地域福祉の推進に努めなければならない。 3　地域住民等は、地域福祉の推進にあたっては、福祉サービスを必要とする地域住民およびその世帯が抱える福祉、介護、介護予防（要介護状態若しくは要支援状態となることの予防または要介護状態若しくは要支援状態の軽減若しくは悪化の防止をいう）、保健医療、住まい、就労および教育に関する課題、福祉サービスを必要とする地域住民の地域社会からの孤立その他の福祉サービスを必要とする地域

住民が日常生活を営み、あらゆる分野の活動に参加する機会が確保されるうえでの各般の課題（以下「地域生活課題」という）を把握し、地域生活課題の解決に資する支援を行う関係機関（以下「支援関係機関」という）との連携等によりその解決を図るよう特に留意するものとする。

改正された社会福祉法では、本人や家族の複合的な課題を包括的に受け止め、包括的な支援体制の整備に関する事項を地域福祉計画に盛り込んだり、継続的な支援を行う体制の構築に向けた事業を創設したりすることが期待されますが、このような地域福祉を地域住民とともに発展させることをとおして、地域住民を主体とすることが求められます。

第2節　医療的ケア児者等と地域共生支援

　福祉にかかわる子ども時代からの地域共生社会の実現に向けて、前述したような「断らない相談支援」にかかわる構築や発展が、近年進められつつあります。

　そのなかで、特に医療的ケア児が活用することができる相談支援には、障害福祉サービス等にかかわる計画相談支援や、障害児相談支援が挙げられます（表4-3）。

　前者の計画相談支援では、障害のある子どもやその保護者が障害福祉サービスの利用・変更等を申請する際に、利用計画案の提出が必要となる場合の作成や、計画の定期的な見直しの支援が実施されます。また、後者の障害児相談支援も同様に、障害福祉サービスの利用申し込みや変更の申請に伴う、障害児支

表4-3　医療的ケア児が利用することができる相談支援

制　度	主な対象	内　容
計画相談支援	障害福祉サービスの申請（変更を含む）にかかわる障害のある子どもと保護者	障害福祉サービスの支給決定前にサービス等利用計画案を作成する　等
障害児相談支援	障害児通所支援の申請（変更を含む）にかかわる障害のある子どもと保護者	障害児通所支援の通所給付決定前に障害児支援利用計画案を作成する　等

（出典：厚生労働省, 2018, p.11より作成）

援利用計画案の作成や、支給決定後のサービス事業者との連絡・調整、障害児支援利用計画の作成等の支援が行われます。いずれも、サービスを利用する前に利用計画案を作成することにかかわる相談支援であり、保護者等が相談支援を実施する事業所に利用計画案の作成を依頼する必要があります。同じ事業所を継続して利用する場合、利用状況を検証するモニタリングを受けて、計画と実際のサービスの整合性等が判断されます。

　計画相談支援および障害児相談支援は、子どもや保護者のニーズに基づいてサービス等の利用計画や障害者通所支援の利用計画を策定する支援です。策定については、相談支援専門員による支援をとおして実施されます。相談支援専門員は障害のある子どもや保護者から聴き取りをしたうえでアセスメントを行い、ニーズに基づいて計画案を作成します。特に、医療的ケア児者等では、病状や必要なケア等が変わることがあるため、診療報酬等の医療制度の他に、障害福祉サービスや福祉制度、地域資源の活用等も柔軟に活用しながら適切に対応することが求められます。

　さらに、医療的ケア児者等を包摂した地域共生社会を実現するためにも、医療的ケア児者等を含む多様な住民等の参加支援や、参加支援を確保した地域づくりに向けた支援をあわせて構築し、発展させることが求められます。

 註

1 ）厚生労働省「地域共生社会のポータルサイト」.
　　URL: https://www.mhlw.go.jp/kyouseisyakaiportal/（accessed 29 December 2022)
2 ）独立行政法人国立特別支援教育総合研究所「共生社会とは」.
　　URL: http://www.nise.go.jp/nc/inclusive_center/kyosya（accessed 18 February 2022).
3 ）厚生労働省・新たな福祉サービスのシステム等の在り方検討プロジェクトチーム「誰もが支え合う地域の構築に向けた福祉サービスの実現　新たな時代に対応した福祉の提供ビジョン」2015.
　　URL: https://www.mhlw.go.jp/file/05-Shingikai-12201000-Shakaiengokyokushougaihokenfukushibu-Kikakuka/bijon.pdf（accessed 18 February 2022)

参考文献

岩間伸之・野村恭代・山田英孝・切通堅太郎『地域を基盤としたソーシャルワーク　住民主体の総合相談の展開』中央法規出版，2019.

厚生労働省「医療的ケアが必要な子どもと家族が、安心して心地よく暮らすために　医療的ケア児と家族を支えるサービスの取組紹介」2018.
　URL: https://www.mhlw.go.jp/iken/after-service-2018.12.19.html（accessed 20 February 2022）.

厚生労働省　令和2年度　生活困窮者就労準備支援事業費等補助金　社会福祉推進事業　特定非営利活動法人全国コミュニティライフサポートセンター「地域共生社会の実現に向けた地域づくりにかかわるコーディネーター養成のための研修プログラム開発事業報告書」2021.
　URL: https://www.mhlw.go.jp/content/12200000/000793350.pdf（accessed 20 February 2022）

日本社会福祉会編『地域共生社会に向けたソーシャルワーク　社会福祉士による実践事例から』中央法規出版，2018.

宮城孝・日本地域福祉学会地域福祉と包括的相談・支援システム研究プロジェクト編著『地域福祉と包括的支援システム　基本的な視座と先進的取り組み』明石書店，2021.

第 5 講

共生社会と地域福祉にかかわる演習

前講までに学習したことや調べたり考えたりしたことに基づいて、以下の演習に取り組みましょう。まとめた内容を発表して他の参加者と共有し、新たな課題や疑問、解決のための方策等について、さらに探究してみましょう。

1 調査課題

　医療的ケア児者等を包摂する共生社会を実現する上で、現在どのような課題があるでしょうか。また、それらの課題に対応して、どのような制度や支援施策が実施されているのでしょうか。これまで学習した内容を参照しながら、考えたり、調べたりして挙げてみましょう。

（1）医療的ケア児者等を包摂する共生社会を実現する上での課題

（2）課題に対して実施されている制度や支援施策

2　探究課題1

　調べた制度や支援等に関して、課題を解消する上で評価される点やその理由について、調べてみましょう。また、解消されていると考えられない課題があれば、さらにどのような制度や支援が必要かを挙げてみましょう。

（1）制度や支援施策が評価される点とその理由

（2）解消されていると考えられない課題に関して必要と考えられる制度や支援施策

3　探究課題2

　2で挙げた制度や支援施策のなかで、住民等が参加する地域福祉において実現できそうなことがあれば、まとめてみましょう。また、そのような地域福祉を実現するために必要な制度や支援があれば、挙げてみましょう。

（1）地域福祉において実現できそうな興味・関心のあること

（2）興味・関心のあることに関して住民が参加するために必要と考える制度や支援

参考文献

佐々木淳編『在宅医療カレッジ　地域共生社会を支える多職種の学び21講』医学書院，2018.
東京大学高齢社会総合研究機構編『地域包括ケアのまちづくり　老いても安心して住み続けられる地域を目指す総合的な試み』東京大学出版会，2020.
松浦尊麿『地域を紡ぐ包括的医療・ケア　「支えあう地域」をめざして』大垣書店，2020.

第 6 講

持続可能な社会の実現と地域福祉

社会と地域福祉との関係においては、持続可能性が問われます。持続可能な社会に関してはどのように考えられており、地域福祉がどのような影響を与えうると考えられるのでしょうか。本講では、これらの問いを中心に探究を進めましょう。

第1節　持続可能な社会

　持続可能な社会（Sustainable Society）は、1987年に、国連環境と開発に関する委員会による「地域の未来を守るため」の報告書において、人類共通の課題として取り上げられました[1]。地球環境や自然環境が適切に保全され、将来の世代が必要とするものを損なうことなく、現在の世代の要求を満たす開発が行われる社会の実現が求められました。その実現のために、将来世代のニーズに応える能力を損ねることのない、現在世代のニーズを満たす発展のために、持続可能な社会にかかわる開発等が課題とされました。

　持続可能な開発に関して、国連は、2015年に、持続可能な開発サミットを開催し、「持続可能な開発のための2030アジェンダ」を採択しました[2]。国際的な課題に取り組むために、「持続可能な開発目標」（Sustainable Developmental Goals, SDGs）が示され、持続可能な開発のための「5つのP」、すなわち人間（people）、豊かさ（prosperity）、地球（planet）、平和（peace）、パートナーシップ（partnership）が掲げられました。さらに日本では、SDGsに関する5つの主要原則（普遍性、統合性、透明性、包摂性、参画型）が示され、経済成長や、環境保護といった課題と、社会的包摂を調和させる目標が定められました。

　持続可能性は、福祉政策にかかわる社会保障制度においても課題とされ、

SDGsとの関連においても検討されています[3]。具体例として、福祉にかかわる持続可能な社会においては、貧困の解消等が問われます。貧困を解消する方策の一つとして、福祉的視点から、市民権をもつ以外に受給資格の制限を設けることなく、最低生活を保証するための一定額の給付金を定期的に支給する「ベーシックインカム」（Basic Income, BI）も検討されています。このように、負担と給付の均衡を中心に、世代間の公平性や、多文化共生、そして、地域社会の持続可能性等について問われることがあります[4]。

　また、近代以降には、資本主義から新自由主義へと転換する過程で生活を自己責任とする原則を基に自立支援を目指す傾向がみられるようになりました。こうした傾向をふまえて、民間の資金を活用した革新的な解決型の事業を実施し、事業の成果をさらに支払いの原資として社会的な課題にアプローチする、ソーシャル・インパクト・ボンド（SIB）の展開もみられます[5]。従来、国や地方公共団体等の公的機関が担ってきた事業の運営を民間に委ね、事業の運営資金を民間から募ることにより、社会的課題の解決を図る仕組みとして活用されつつあります。SIBは、社会的なインパクトを可視化したり、社会的なアカウンタビリティ（accountability；説明責任）を果たしたりすることをとおして、まちづくり等の課題解決への住民参加が促進されることなどが期待できます。一方[6]、国等の公的役割が変化することも想定されることから、福祉等にかかわる社会保障関連事業の財源の調達手段として活用されることが増える可能性があると指摘されています[7]。日本では、子ども家庭福祉分野において、少年法に規定される非行少年の学習支援における活用例等が報告されていますが[8]、今後の動向についても注目されます。

第2節　地域福祉と持続可能な社会の実現

　福祉にかかわる持続可能な社会の実現に関しては、福祉政策の支援を必要とする人々が増加する一方、財政の拡充が困難であるといった理由により、福祉政策の対象や内容を減少させたり、就労を促進したりする傾向が国際的にみられます[9]。

アメリカでは、1996年に、TANF（Temporary Assistance for Needy Families；貧困家庭一時扶助）が導入されました。この制度は、福祉政策の対象者を削減し財政負担を軽減させるために、従来のAFDC（Aid to Families with Dependent Children；要扶養児童家庭扶助）に替えて実施されました。給付が受けることができる期間が有期になり、特別な理由がない場合、給付期間が、生涯で累積60ヶ月、継続して24ヶ月と制限されることになりました。

　1997年には、イギリスにおいて、就労による貧困解消方針に基づく改革が実施され、就労する者に給付を行うことにより就労インセンティブを高めることを目的とした、タックス・クレジット（Tax Credit；給付付き税額控除）が導入されました。また、ニューディール・プログラム（New Deal Program）という就労支援や、ジョブセンタープラス（Jobcentre Plus；公共職業安定所）において公的扶助受給者を対象とした支援も提供され、就労プランの作成、求職活動指導や、教育の提供等が実施されるようになりました。

　スウェーデンでは、給付とともに、ケアやリハビリテーション等の支援を通じて社会参加を促進することを目標とした、アクティベーション・プログラム（Activation Program）が実施されました。また1990年代の失業者の増加に伴い、ウプサラ・モデル（Uppsala Model）が実施され、社会扶助の給付を受ける期間が有期になり、給付条件としてアクティベーション・プログラムへの参加が求められることになりました。多くの自治体にジョブセンターが設立され、社会扶助の対象者は、登録および、自立のための計画の策定と活動への取り組みが義務化されるようになりました。

　韓国においては、1999年に、新しい公的扶助として国民基礎生活保障が創設され、労働力の有無にかかわらず、貧困状態の人々には生活に必要な給付が行われるようになりました。また、労働能力のある人は、就労支援プログラムを受けることが義務化され、就労支援プログラムでは地域自活支援計画が策定されて、活動に参加する必要が生じることになり、参加しない場合は給付の一部または全額が削減されるようになりました。

　ドイツでは、2003年のハルツ（Hartz）改革の一環として、最低生活保障と就労促進を一体的に運用するために、2005年に、求職者基礎保障が創設されま

した。労働能力のある労働者は求職者としてジョブセンター（Jobcenter；就労支援センター）に登録することにより、再就労協定に基づいて生活に必要な資金が給付されるとともに、就労支援を受けることが義務化され、義務を怠った場合は給付の一部または全額が削減されることになりました。

　2009年には、フランスにおいて、参入最低限所得（RSI）から、積極的連帯手当（RSA）への制度改革が実施されました。就労を再開した場合に給付が行われることになり、少しでも働いた方が給付とあわせて収入が増える制度に改められ、就労が推進されることになりました。また、県と受給者の間に相互参画契約が導入され、県は受給者に就労支援として就職活動へ同伴する等の支援を提供するとともに、受給者には支援の利用が義務化され、給付の対象が失業者や貧困者からワーキングプアへと転換されました。

　中国では、1993年に上海において、最低生活保障が先駆的に実施されました。1999年には、都市部全体において、都市部最低生活保障が適用されるようになりました。また2007年になると、農村部でも、農村部最低生活保障が全国的に実施されました。2014年には、両制度が最低生活保障として統合されました。2000年代後半になって、都市部の最低生活保障受給者の大半が労働能力をもち半分近くが長期受給者であることが社会問題になり、福祉から就労を促進する措置が導入されることになりました。北京や上海等の地方の政府ごとに異なる形態で、労働能力をもつ受給者に対して給付の条件付けが強化されるようになりました。中小の都市では、仕事を選ばず就職紹介を受ける承諾書に同意するといった先求職後保障が、給付を受ける条件とされました。

　タイにおいては、2017年に、政府の提供する職業斡旋や職業訓練等の就労支援を受けることを条件とする福祉カードが導入されました。

　以上にみるように、財政的な状況も含めて、個人の自立や社会参加はより重視されるようになっており、福祉政策も、持続可能な福祉制度という観点に立ち、従来の所得保障から、就労意欲の喚起と自立支援の促進へと、国際的に移行していく傾向がみられます。とはいえ、日本においては、就労しても、低賃金や不安定な就労状況により、貧困が解消されない事態も現実にみられます。

　医療的ケア児者支援に関しては新たな課題に基づいた解決のための検討の過

程にあり、医療的ケア児者等を包摂した子ども時代からの就労や社会参加支援についても制度や支援の構築や発展の途上にあります。制度や支援の検討においては、地域福祉の観点をふまえ、住民等が多様なかたちで参加できるようなプロセスや場を確保することも含めて、持続可能な社会の実現について検討することにより、サービスの内容や方法に関してどのように評価するかを問うとともに、課題を見出し解決にかかわる過程で地域の支援や制度を発展させることが期待されています。

 註

1）国際連合広報センター「国連の手引き　環境と開発」1991.
　　URL: https://www.unic.or.jp/files/print_archive/pdf/environment/environment_3.pdf
　　（accessed 20 February 2022）.
2）国際連合広報センター「SUSTAINABLE DEVELOPMENT GOALS」.
　　URL: https://www.unic.or.jp/activities/economic_social_development/sustainable_
　　development/2030agenda/（accessed 18 February 2022）.
3）広井良典「基調講演「持続可能な福祉社会への道」　制度と民間福祉活動に期待すること」『平成30年度WAM助成シンポジウム開催報告　多様な連携のカタチ　持続可能な福祉社会を目指して』独立行政法人福祉医療機構，2018，pp.1-3.
　　URL: https://www.wam.go.jp/hp/wp-content/uploads/h30wam_kaisaihoukoku1.pdf
　　（accessed 20 February 2022）.
4）ベネッセ　教育情報サイト「ベーシックインカムで貧困の問題は解決できる？【SDGs】との関係やメリット・デメリットを解説！」.
　　URL: https://benesse.jp/sdgs/article6.html（accessed 20 February 2022）.
5）経済産業省「新しい官民連携の仕組み　ソーシャル・インパクト・ボンド（SIB）の概要とその動向」.
　　URL: https://www.kantei.go.jp/jp/singi/keizaisaisei/miraitoshikaigi/suishinkaigo2018/
　　ppp/dai3/siryou2-4.pdf（accessed 18 February 2022）.
6）国土交通省「【地方公共団体等向け】まちづくり分野へのソーシャル・インパクト・ボンド（SIB）の導入に係る手引き」.
　　URL: https://www.mlit.go.jp/common/001344036.pdf（accessed 19 February 2022）.
7）江夏あかね「ソーシャルインパクトボンドの発展と今後の課題　地方公共団体の財源調達手段多様化の可能性」『野村資本市場クォータリー　2019　夏号』23（1），2019，pp.78-102.

URL: https://www.nomuraholdings.com/jp/sustainability/sustainable/finance/research/
rs201908_01.html（accessed 19 February 2022）.

8）法務省「ソーシャル・インパクト・ボンド（SIB）による非行少年への学習支援事業の
実施について」2021.
URL: https://www.moj.go.jp/hisho/saihanboushi/hisho04_00065.html（accessed 19
February 2022）.

9）厚生労働省「諸外国における近年の社会保障制度改革の主要動向」2003.
URL: https://www.mhlw.go.jp/shingi/2003/02/s0219-7h.html（accessed 20 February
2022）.

10）宇佐美耕一・岡伸一・金子光一・小谷眞男・後藤玲子・原島博編著『新　世界の社会福
祉　第Ⅱ期 6 巻セット（全12巻シリーズ）』旬報社，2020.

参考文献

インフォビジュアル研究所『図解でわかる14歳から考える資本主義』太田出版，2020.
筧裕介『持続可能な地域のつくり方　未来を育む「人と経済の生態系」のデザイン　実践地
方創生×SDGs』英治出版，2019.
河合雅司『未来の地図帳　人口減少日本で各地に起きること』講談社，2019.
権丈善一『ちょっと気になる社会保障　V 3 』勁草書房，2020.

第7講

持続可能な社会と地域福祉に
かかわる演習

第6講で学習したように、地域福祉に関しては、持続可能な社会との関係で検討されることがあります。

本講では、演習をとおして持続可能な社会と地域福祉に関して探究し、新たな課題や方策を見出してみましょう。

1　調査課題

医療的ケア児者等が子ども時代から社会参加できるよう支援する、制度や施策について、調べてみましょう。

（1）医療的ケア児者等が子ども時代から社会参加できるよう支援する、制度や施策にはどのようなものがあるでしょうか。

（2）調べた制度や施策は、実際にどのように実践・運用されているでしょう
か。

2　探究課題 1

　1で調べた実践の評価できる点について考えてみましょう。特に、なぜ評価
できると考えたのか、説明してください。

3 探究課題2

　1で調べた実践等について、医療的ケア児者等の社会参加を子ども時代から進めるために、課題であると考えられる内容や方法等を挙げてみましょう。また、なぜそのように考えたのか、説明をしてください。

（1）課題であると考えられる内容や方法等

（2）課題であると考えられる理由

4 探究課題3

　課題を解決するために、これまでの取り組みを発展させたり、新たに取り組んだりする必要があると考えられる支援や制度について挙げてみましょう。また、医療的ケア児者等を含む地域の住民等と福祉の構築を進めるためにどのようなことに取り組む必要があるか、考えて示してみましょう。

（1）発展させたり、新たに取り組んだりする必要があると考えられる支援や制度と取り組む方法

（2）医療的ケア児者等を含む地域の住民等と福祉の構築を進めるために、取り組む必要があると思われる事柄

参考文献

駒崎弘樹『政策起業家　「普通のあなた」が社会のルールを変える方法』筑摩書房，2022.
西智弘編著『社会的処方　孤立という病を地域のつながりで治す方法』学芸出版社，2020.

第 8 講

地域包括支援と地域福祉

本講ではまず、日本において高齢者を中心に推進されてきた地域包括支援を概観し、住民とともに内容や方法を考えつくる地域福祉に基づいてこれからの地域包括支援を構築・発展させるために役立つ考え方や支援の在り方に関して、理解を進めます。

そのうえで、地域包括支援が推進されつつある医療的ケア児者への支援に関しても、地域福祉に基づいて支援や地域を構築し発展させるための在り方に関して考えてみましょう。

第1節　地域包括支援

　地域包括支援は、進行する少子高齢化に伴う課題に対応して、支援やサービスの提供を地域において包括的に実現するために、国によって推進されつつある体制です[1]。医療や介護、その予防や、生活支援が一体的に提供される地域における体制の構築が目指されています。自助や公助の他、地域を中心とする互助や共助によってニーズを充足することが想定されており、地域ケア会議等が実施されています。

　地域において、特に、障害にかかわる福祉に関しては、施設入所支援の他、地域における生活支援として、以下のサービスを活用することができます。

　　1．共同生活を行う地域の住居で日常生活上の援助
　　　（1）共同生活援助（グループホーム）
　　2．地域の自宅等を訪問して援助
　　　（2）居宅介護（ホームヘルプ）
　　　（3）重度訪問介護
　　　（4）同行擁護（移動時の情報提供や介護等）

（5）行動援護（自己判断能力制限者の外出支援等）

（6）重度障害者等包括支援（複数のサービスの包括的実施等）　等

3．日中等の地域における活動等にかかわる援助

（1）短期入所（ショートステイ）

（2）療養介護（医療機関における機能訓練、療養管理、看護、介護、日常生活援助等）

（3）生活介護（介護、活動の機会等の提供）　等

4．教育や就労にかかわる援助

（1）機能訓練や生活訓練による自立訓練

（2）就労移行支援

（3）就労継続支援　等

この他に、相談支援として、計画相談支援、地域移行支援や、地域定着支援にかかわる援助が行われています。また、子どもの場合、障害児相談支援の対象になります。

子どもの場合にはまた、以下のサービスを活用することができます。

1．福祉型または医療型の障害児入所施設

2．地域の生活、医療型を含む児童発達支援（基本的動作、知識技能、集団生活にかかわる援助。医療型では治療を含む）

3．放課後等デイサービス（授業終了後や休校日の教育や交流等の援助）

4．保育所等訪問支援（保育所等における専門的支援等）　等

地域包括支援の実施にあたって、市町村等には、地域の自主性や主体性に基づき、地域の特性に応じて進めていくことが求められています[2]。このような地域包括支援を実施する拠点として、市町村等により、地域包括支援センターが原則として1ヶ所以上設置されています。地域包括支援センターでは、地域に居住する65歳以上の高齢者やその家族等を中心とする主に住民等を対象に、制度や支援等の紹介、総合的な相談支援、虐待等にかかわる権利擁護を含む支援体制づくり、介護予防等にかかわる支援等が実施されています。保健医療や介護を含む福祉にかかわる支援が包括的に実施できるように、地域包括支援センターには、「保健師」、「社会福祉士」や、一般のケアマネジャー（介護支援

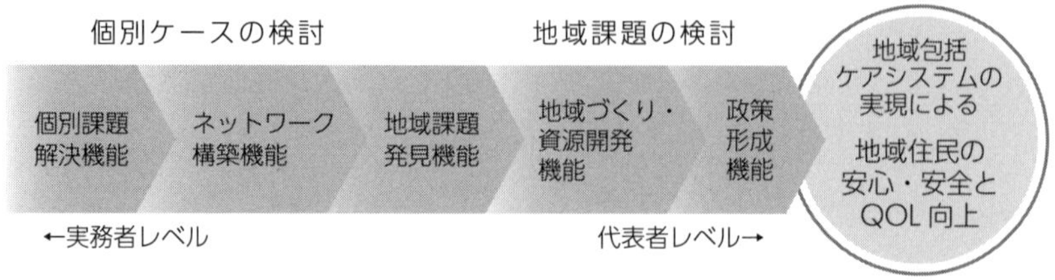

個別ケースの検討　　　　　地域課題の検討

| 個別課題解決機能 | ネットワーク構築機能 | 地域課題発見機能 | 地域づくり・資源開発機能 | 政策形成機能 | 地域包括ケアシステムの実現による地域住民の安心・安全とQOL向上 |

←実務者レベル　　　　　　　　　代表者レベル→

（出典：註3，p.2より一部抜粋）

図8-1　「地域ケア会議」の機能（厚生労働省）

専門員）の上級資格として地域の課題や特性に応じて包括支援を進める「主任ケアマネジャー」等が在籍し、必要に応じて関係機関等と連携・協働しながら、無償で相談支援等に対応しています。

　また、地域包括支援を構築するために、「地域ケア会議」（図8-1）が推進されています。「地域ケア会議」の推進をとおして、「支援」を発展させるとともに、「地域」の発展をあわせて進めることが求められています[3]。さらに、支援体制を重層的に構築するために、NPO法人やボランティア等を含む、地域の多様な主体による参加の推進をとおして支援を発展させることが重視されています。

> ## 第2節　地域包括支援と医療的ケア児者

　医療的ケア児者等の地域における包括的な支援においては、保健医療や、福祉に加えて、保育を含む教育等が含まれています[4]。

　厚生労働省が示す、地域における医療的ケア児の支援体制（図8-2）では、保健医療に関しては、訪問診療や訪問看護等医療を受けながら生活することができる体制の整備の確保、母子保健施策を通じて把握した医療的ケア児の保護者等への情報提供に加えて、支援者の養成や確保にかかわる小児在宅医療従事者育成のための研修会の実施等が挙げられています。

　また、福祉に関しては、障害児福祉計画等を利用した計画的な体制整備や、医療的ケアに対応できる短期入所や障害児通所支援等の確保等が求められてい

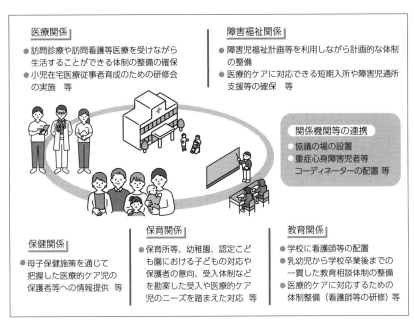

医療関係
● 訪問診療や訪問看護等医療を受けながら
生活することができる体制の整備の確保
● 小児在宅医療従事者育成のための研修会
の実施 等

障害福祉関係
● 障害児福祉計画等を利用しながら計画的な体制
の整備
● 医療的ケアに対応できる短期入所や障害児通所
支援等の確保 等

関係機関等の連携
● 協議の場の設置
● 重症心身障害児者等
コーディネーターの配置 等

保健関係
● 母子保健施策を通じて
把握した医療的ケア児の
保護者等への情報提供 等

保育関係
● 保育所等、幼稚園、認定こど
も園における子どもの対応や
保護者の意向、受入体制など
を勘案した受入や医療的ケア
児のニーズを踏まえた対応 等

教育関係
● 学校に看護師等の配置
● 乳幼児から学校卒業後までの
一貫した教育相談体制の整備
● 医療的ケアに対応するための
体制整備（看護師等の研修）等

（出典：厚生労働省, 2018, p.8より一部抜粋して作成）

図8−2　地域における医療的ケア児の支援体制の整備（厚生労働省）

ます。

　特に、地域生活にかかわる福祉に関しては、障害福祉サービス等および障害
児通所支援等の円滑な実施を確保するための基本的な指針として、基本的事項
が示されています（厚生労働省「障害福祉サービス等及び障害児通所支援等の円滑
な実施を確保するための基本的な指針（平成十八年厚生労働省告示第三百九十五
号）」)5)。障害児支援の提供体制の確保に関する基本的な考え方においては、
医療的ケア児の支援体制の充実にあたり、医療的ケア児が身近な地域で必要な
支援が受けられるように障害児支援等の充実を図ることが求められています。
さらに、心身の状況に応じた保健医療や、障害福祉、保育や教育等の各関連分
野の支援が受けられるように、保健所、病院や診療所、訪問看護ステーション、
障害児通所支援事業所、障害児入所施設、障害児相談支援事業所、保育所や、
学校等の関係者が連携するための協議の場を設置すること等により、各関連分

野が共通の理解に基づき協議する総合的な支援体制を構築することが重視されています。加えてこの支援体制においては、医療的ケア児の支援が学齢期から成人期に円滑に引き継がれるように協議する必要があることも示されています。

さらに、教育に関して、乳幼児から学校卒業後までの一貫した教育相談体制の整備や、医療的ケアに対応するための体制整備に加えて、学校への看護師等の配置も含まれています。また保育においては、保育所等・幼稚園・認定こども園等における子どもの対応や保護者の意向・受け入れ態勢等を勘案した受け入れ等とともに、医療的ケア児のニーズをふまえた対応等が挙げられています。

また、医療的ケア児に対する総合的な支援体制の構築に向けて、市町村には、関連分野の支援を調整するコーディネーターとして養成された相談支援専門員等の配置を促進することが求められています（図8－3）[6]。コーディネーターは、医療的ケアが必要とする分野にまたがる支援の利用調整や、総合的かつ

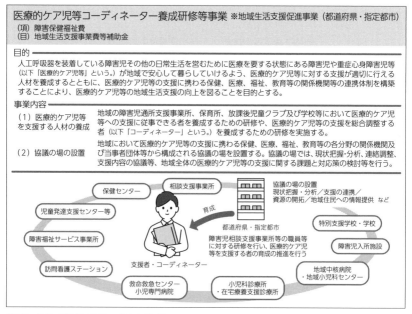

（出典：厚生労働省，2018, p.13より作成）

図8－3　医療的ケア児等コーディネーター養成研修等事業の目的と事業内容（厚生労働省）

包括的な支援の提供につなげるとともに、協議の場に参画し、地域における課題の整理や地域資源の開発等を行いながら、医療的ケア児等に対する支援のための地域づくりを推進する役割を果たすことが期待されています。市町村等が単独で配置することが難しい場合は、圏域の配置でも差し支えないとされています。

　このように、医療的ケア児者等に関しては、子ども時代を中心に、連携やコーディネートを含む、保健医療や福祉、さらに、教育や保育といった専門的な支援が先行して実施されつつあります。

　この他に、都道府県や市町村等を実施主体とした、地域生活支援促進事業が促進されています[7]。地域生活支援促進事業では、日中の居場所づくりや活動の支援等が総合的に実施されます。保育所等、通所支援施設、保育所等と通所支援施設との併行通園促進や、事業所から各施設等への医療的ケア児の付き添い等とあわせて、保育所等での看護職員確保のための体制構築、地方自治体における医療的ケア児等に関する協議の場の設置なども含まれています。

　また、医療的ケアを日常的に必要とする医療的ケア児者等は、救急、災害、事故等の場合に速やかに対応することが特に重視されます。そのため、かかりつけ等日常的に対応する医療機関以外の、救急隊員や救急機関等も、医療的ケア児者の医療情報を閲覧し共有することができる情報共有体制の構築が推進されつつあり[8]、さらに発展させるため検討や検証が進められています。

第3節　地域福祉と地域包括支援

　医療的ケア児者等を含む子ども時代からの地域における包括的な支援の発展は、医療的ケア児者に関する地域包括支援に関して検討される過程で地域福祉においても重要な課題として見出されています。課題解決の方法として、条例等に基づいて、住民が地域課題の解決に主体的にかかわるための支援や、コーディネート活動等をとおした支援が進められつつあります[9]。

　実践例においては、住民が、地域団体をはじめ、民生委員や児童委員、町会や自治会、老人クラブや青少年育成地区委員会、NPO法人等と必要に応じて

かかわりながら、保健医療や福祉、子ども・子育て、社会教育や文化・芸術・スポーツ振興、職業能力開発や、人権擁護等に関する活動や団体等の支援に取り組む他に、地域安全や災害等を含む、地域の構築や発展を促進しています。

　具体的な活動として、福祉センター等において実施される地域ケア会議が挙げられます。地域ケア会議は、保健医療関係者に加えて、福祉事業所代表、社会福祉協議会、町会や自治会、民生委員や児童委員、地域包括支援センター、地方自治体の職員や、ボランティア団体等により構成されています。地域の現状に基づいた、ネットワークや地域資源開発といった地域の発展に関する課題が定期的に検討されています。

　関連して、住民組織を中心に会議や訓練が実施される避難所運営会議や、共助に関する訓練等を実施する地域防災訓練等も実施されています。さらに、条例等に基づいて、福祉センター等の支援により、希望する自治会や町会等に対象者名簿を提供して住民等が地域を主体的に支え合う活動や、住民活動センター等の公的機関を拠点として住民が主体的に運営する地域カフェなども、福祉センター等の支援を受けつつ進められています。

　また、地方自治体や大学等の専門職と住民等が参加する対人養成活動が実施され、スキルアップのためのNPO法人等の支援講座や、情報交換やネットワークの形成を支援するNPO法人交流会等も取り組まれています。こうした対人養成活動は社会福祉協議会等でも実施され、数ヶ月にわたる活動対人支援講座や、子育て支援や防災分野で地域福祉を住民等とともに発展させる活動実践への支援も実施されています。さらに、地域の大学等において、教育課程の編成等により、地域コーディネーターが養成されていることもあります。地域コーディネーターは、地域住民の中から教育委員会に配置され、学校による推薦等をとおして、地域と学校の橋渡し役として活動します。地域学校協働活動を推進する役割を果たす欠かせない担い手として評価されています。

　住民等の参加を確保した地域課題の解決による地域福祉の発展活動については、参加および地域共生を進める障害児者支援等に関し地方自治体等によりツイッター等のSNS（Social Networking Service）を活用して情報が共有されており、多様な世代が気軽に参加しやすい配慮がみられます。町内会等においても、

SNS上に作成された電子掲示板を通じて、地域の課題等が発信され、地域の住民等と共有している例もあります。

　多様な住民の参加をとおして発展させる先進的な地域福祉の事例には、福祉の従来からの担い手である行政機関や支援者等と地域の住民との双方向の関係性において、住民が主体的に地域福祉における支援体制を構築することを支援する特性がみられます。医療的ケア児者等を包摂する地域福祉においても、子ども時代からの実践に係る参加をとおして、住民とともに地域の福祉や地域を発展させる支援が求められます。

 註 ───────────────────────────────────

1）厚生労働省「地域包括ケアシステム」.
　URL: https://www.mhlw.go.jp/stf/seisakunitsuite/bunya/hukushi_kaigo/kaigo_koureisha/
　chiiki-houkatsu/（accessed 13 February 2022）.
2）同上Web Page.
3）厚生労働省「地域ケア会議について」.
　URL: https://www.mhlw.go.jp/seisakunitsuite/bunya/hukushi_kaigo/kaigo_koureisha/
　chiiki-houkatsu/dl/link3-1.pdf（accessed 20 February 2022）.
4）厚生労働省　医療的ケア児の地域支援体制構築に係る担当者合同会議資料（平成28年
　度・平成29年度・平成30年度）.
　URL: https://www.mhlw.go.jp/stf/seisakunitsuite/bunya/0000191192_00004.html
　（accessed 13 February 2022）.
5）厚生労働省「障害福祉サービス等及び障害児通所支援等の円滑な実施を確保するための
　基本的な指針（平成十八年厚生労働省告示第三百九十五号）」（最終改正　令和二年　厚生
　労働省告示第二百十三号）.
　URL: https://www.mhlw.go.jp/content/000631496.pdf（accessed 04 January 2023）.
6）厚生労働省「医療的ケア児等コーディネーター養成研修実施の手引き」.
　URL: https://www.mhlw.go.jp/file/06-Seisakujouhou-12200000-Shakaiengokyokushougaiho
　kenfukushibu/0000161126.pdf（accessed 05 January 2023）.
7）厚生労働省「地域生活支援事業等の実施について（障発第0801002号）」2006.（最終改
　正令和4年3月30日）.
　URL: https://www.mhlw.go.jp/web/t_doc?dataId=00tb4781&dataType=1&pageNo=1
　（accessed 05 January 2023）.
8）厚生労働省「医療的ケア児等総合支援事業（地域生活支援促進事業）」『医療のケア児へ

の支援に関連する令和3年度予算案』2021，p.1.

URL: https://www.arai21.net/wp-content/uploads/2021/03/4-1厚労省210317-第33回永田町子ども未来会議_予算関連.pdf（accessed 17 February 2022）.

9）東京都中野区「区民の地域活動・公益活動」.

URL: https://www.city.tokyo-nakano.lg.jp/guide/009/006/index.html（accessed 17 February 2022）.

参考文献

一般社団法人日本ソーシャルワーク教育学校連盟編『最新　社会福祉士養成講座　精神保健福祉士養成講座6　地域福祉と包括的支援体制』中央法規出版，2021.

川村匡由編著『入門　地域福祉と包括的支援体制』ミネルヴァ書房，2021.

公益財団法人日本生命済生会『地域福祉研究』編集委員会監修，黒田研二編著『新・MINERVA福祉ライブラリー40　地域包括支援体制のいま　保健・医療・福祉が進める地域づくり』ミネルヴァ書房，2020.

厚生労働省　平成30年度医療的ケア児等の地域支援体制構築に係る担当者合同会議「医療的ケアが必要な子どもへの支援の充実に向けて」2018年10月

URL: https://www.mhlw.go.jp/content/12200000/000365179.pdf（accessed 13 February 2022）.

杉本敏夫監修，橋本有理子・家髙将明・種村理太郎編著『最新・はじめて学ぶ社会福祉11　地域福祉と包括的支援体制』ミネルヴァ書房，2022.

鈴木康之・舟橋満寿子編『新生児医療から療育支援へ　すべてのいのちを育むために』インターメディカ，2019.

高木憲司・杉本健郎・NPO法人医療的ケアネット編著『医療的ケア児者の地域生活保障　特定（第3号）研修を全国各地に拡げよう』クリエイツかもがわ，2014.

東京大学高齢社会総合研究機構編『地域包括ケアのまちづくり　老いても安心して住み続けられる地域を目指す総合的な試み』東京大学出版会，2020.

平野隆之『地域福祉マネジメント　地域福祉と包括的支援体制』有斐閣，2020.

宮城孝・日本地域福祉学会地域福祉と包括的相談・支援システム研究プロジェクト編著『地域福祉と包括的支援システム　基本的な視座と先進的取り組み』明石書店，2021.

第 **9** 講

持続可能な社会の実現と
地域福祉にかかわる演習

　本講では、前講までの探究等に基づいた演習を行います。医療的ケア児者等を子ども時代から包摂できる持続可能な共生社会を目指す上で、どのように地域福祉を発展させることができるでしょうか。主に、地域の課題をどのように発見し、また解決するための方策を検討できるかについて、考えてみましょう。また考えたことを発表等をとおして共有し、課題を発見する視点や方策の検討方法についても、議論を深めてみましょう。

1　調査課題

（1）地域の課題は、どのように見出すことができるでしょうか。身近な地域や、興味・関心のある地域等を対象として、多様な住民が地域社会に参加することをとおして住民等が主体となる行政等とのより双方向的な関係性において地域の福祉の発展を支援する実践例（たとえば、東京都中野区の「区民の地域活動・公益活動」URL: https://www.city.tokyo-nakano.lg.jp/guide/009/006/index.html 等）について調べてみましょう。また、実践例のどのような点が、特に福祉等の地域の課題の解決にかかわる住民の参加を支援していると考えられるのかを挙げてみましょう。

（2）対象とした地域では、地域福祉を住民等とともに構築し発展させるために、どのような取り組みや支援が行われているでしょうか。また、そのような取り組みは、実際にどのように活用されているでしょうか。具体的に調べて、挙げてみましょう。

（3）実践例やその他の例に基づいて、住民等と地域の課題を見出しともに解決する支援をとおした地域福祉の構築や発展に関して、調べたり考えたりしたことに基づいて課題を挙げてみましょう。課題を見出しにくい場合、取り組みや支援をさらに発展させるために求められる必要な方法や内容について考えてみましょう。

2　探究課題

（1）発見された課題を解決するために、どのような方策が必要であると考えられるかを示してみましょう。

（2）考えた方策に関して、特に地域住民等と協働して取り組むためには、さらにどのような支援が有効でしょうか。その際に、地域において活用できそうな資源や、新たに整備する必要がある資源があれば、具体的に示してみましょう。

参考文献

二木立『地域包括ケアと医療・ソーシャルワーク』勁草書房，2019.
野村晋『「自分らしく生きて死ぬ」ことがなぜ、難しいのか　行き詰まる「地域包括ケアシ
　　ステム」の未来』光文社，2020.

相談支援と地域福祉

　相談支援は、福祉における主要な支援の一つです。今日では、包括的な支援体制や、住民とともに地域の課題を発見して解決する地域福祉の理念に基づいた相談支援の在り方やその実践について検討され、社会福祉士等の福祉の専門職の役割に関する課題や方向性が問われつつあります。病気や障害がある人々、なかでも、医療的ケア児者については、医療的ケアを必要とする人々に特化した相談支援の必要性が地域の障害者施策等として明示されており、子ども時代からの支援の充実が求められるところです。

　本講においては、持続的・包括的な地域福祉の理念に基づき、住民とともに課題を解決することで発展させる包括的な支援体制に関連して、医療的ケア児者も含めた専門的な相談支援の必要性やその在り方について、考えてみたいと思います。

第1節　相談支援

　福祉にかかわる相談支援は、主に個人の内面を対象とする心理的な支援と異なり、個人にかかわる環境を対象に支援することを特性としています。

　今日では、厚生労働省「ソーシャルワーク専門職である社会福祉士に求められる役割等について」（2017年）[1] 等に基づいて、病気や障害等にかかわる福祉的課題を「我が事・丸ごと」として支援するために、「包括的な相談支援体制」を構築し維持することが求められるようになっています（第1講第2節参照）。同資料では、今日の福祉的支援の基本とされる「包括的支援体制」（自治体における地域住民や行政等との協働）に基づいて「地域福祉」を構築し発展させるために、「包括的な相談支援体制」の必要性が述べられています。また「包括的な相談支援体制」を構築する上では、「個人、世帯、集団および地域の

ニーズの発見およびアセスメント」と、「分野横断的な社会資源の調整および支援体制・地域づくり」に応える専門的な支援を実現することも課題とされつつあります（後述）。このように、「地域福祉」の理念と「包括的支援体制」に基づいた相談支援体制を構築し、個人や家庭だけに留まらない、地域の課題を見出し解決するための社会資源の調整や開発、地域づくりを含む環境を対象とした支援が、目指されるようになっているのです。

　前掲の「ソーシャルワーク専門職である社会福祉士に求められる役割等について」（厚生労働省、2017年）では、特に社会福祉士の専門性という観点から、包括的な相談支援体制の構築及び維持に向けて今後社会福祉士が担う必要のある具体的な役割と、そのために必要となる知識及び技術（ソーシャルワーク機能）が整理されています。同資料では、「個人、世帯、集団および地域のニーズの発見およびアセスメント」および、「分野横断的な社会資源の調整および支援体制・地域づくり」という二つの課題が挙げられ、それぞれの課題に対して以下のような考察が提示されています（表10−1）。

表10−1　ソーシャルワーク専門職である社会福祉士に求められる実践能力について

　１．個人、世帯、集団および地域のニーズの発見およびアセスメント
（１）個人や世帯の多様なニーズや課題に対して適切な支援を提供し、活用可能な社会資源を調整するためには、解決が必要なニーズを確定し、支援の目標を設定することが重要となる。
　また、支援が必要な人と環境との相互作用に着目し、個人を取り巻く集団や地域のアセスメントも重要となる。
（２）個人や世帯のアセスメントは、各種サービスの利用に合わせて社会的、身体的、心理的、経済的等の側面から情報収集が行われているが、地域アセスメントや地域課題の解決に向けた取り組みは十分とはいえず、さらなる取り組みが求められる。
　そのため、自治会や住民の身近な地域における住民同士の関係性や地域活動への参加状況、集合住宅や新興住宅地など住まいの状況と生活問題との関係、医療・保健・福祉等の機関、社会資源、人口動態等について把握し、その地域において解決すべき地域課題の内容や優先度を明らかにする役割が求められる。
　このような役割を果たすため、他の専門職と協働し、地域特性、社会資源、人

口動態等を把握するとともに、インタビュー調査法等によって地域住民の生活課題やニーズのありのままの状況を質的に把握し、質問紙調査法等によって地域住民やサービス利用者のニーズを量的に把握するための知識と技術を統合し実践する能力が必要となる。

（３）地域には、自分から支援を求めることができない人、自分から相談に来ることができない人、社会資源やサービスの存在を知らない人、社会的に孤立した状態にある人などが存在している。

そのため、相談者が支援を求めてくるのを待つのではなく、他の専門職と協働して積極的に潜在的なニーズや地域課題を発見する役割を果たすことが求められる。

このような役割を果たすため、情報を得やすい環境整備を行い、地域アセスメントや調査結果ならびに関係者からの情報提供をふまえてアウトリーチの対象や方法を決定し、支援対象者のアセスメントを改めて実施し、具体的なサービスや社会資源の利用につなぐための知識と技術を統合し実践する能力が必要となるのではないか。

２．分野横断的な社会資源の調整及び支援体制・地域づくり

（１）地域には公私の様々な社会資源が存在しており、それぞれ求められる役割を果たしている。一方で、個人や世帯及び地域のニーズや課題は複合的であり、高齢、障害、子どもといった福祉関係だけではなく、多岐にわたる分野の公私の社会資源の業務実態や役割をふまえた協働体制を構築する必要がある。

そのため、他の専門職と協働して分野横断的な社会資源の業務内容等の実施状況を把握し、ニーズに対して適切な社会資源をつなぐ役割を果たすことが求められる。

このような役割を果たすため、他の専門職と協働し、福祉分野だけではなく、多岐にわたる分野の公私の社会資源の業務実態や強みを把握して支援が必要な人や解決すべき地域課題に対して適切な社会資源であるかを見極め、協力を得るための交渉を行い、支援が必要な人やニーズと社会資源との仲介（コーディネート）や調整（マネジメント）を行うための知識と技術を統合し実践する能力が必要となるのではないか。

（出典：厚生労働省「ソーシャルワーク専門職である社会福祉士に求められる役割等について」2017, pp.2-4）

以上の考察をふまえると、福祉的なアプローチにおける今日の相談支援体制

には、行政や専門職が住民等とともに地域の課題を見出し、見出した地域の課題を解決するための支援をとおして、地域福祉を協働して構築し発展させることのできる関係性や環境を整備する役割が求められると考えられます。

　第4講第2節で学習したように、医療的ケア児が制度的に利用する相談支援には、障害福祉サービス等にかかわる「計画相談支援」と「障害児相談支援」があります（図10-1）2)。

　前述の通り、前者の「計画相談支援」に関しては、障害福祉サービスの申請（変更を含む）にかかわる障害のある子どもや保護者が対象とされ、障害福祉サービスの支給決定前にサービス等利用計画案を作成する等のサービス内容が実施されます。また、後者の「障害児相談支援」に関しては、同様に、障害福祉サービスの申請（変更を含む）にかかわる障害のある子どもや保護者を対象として、障害児通所支援の通所給付決定前に障害児支援利用計画案を作成する等のサービス内容が実施されます。

　実際の支援においては、子どもと家族の生活状況に応じた障害福祉サービスと医療サービスを組み合わせた計画を策定するために、訪問看護師等の医療専門職により、福祉および医療にかかわる相談支援が活用されることがあります。また、個別利用計画の作成の過程では、計画の過程から実践に至るまで医療的ケア児者等の参加を確保し、意思を尊重しながら、ともに支援や支援体制を構築し発展させるために、看護師等の専門職による相談支援が実施されることがあります。

　医療的ケア児者との相談支援においても、特に福祉がかかわる包括的な支援においては、地域課題の発見や解決の過程への参加をとおして、地域福祉の制度や支援実践が実現されていくよう期待されています。2020年に公布された「地域共生社会の実現のための社会福祉法等の一部を改正する

図10-1　相談支援

法律」（令和2年　法律第52号）では、市町村において、地域住民の複雑化・複合化した支援ニーズに対応できる包括的な支援体制を構築するために、「断らない相談支援」に加えて、参加支援、地域づくりに向けた支援を実施する事業を創設することが定められています。

　これらの取り組みをとおして、福祉にかかわる地域課題の発見や解決において、住民等の多様な形での参加が可能な環境や制度を整備することにより、住民等を包摂する地域福祉が確立されてゆき、さらにこのような社会形成を支援する包括的な相談体制を構築し発展させていくことが大切だといえます。

 註

1）厚生労働省「ソーシャルワーク専門職である社会福祉士に求められる役割等について」2017.
　　URL: https://www.mhlw.go.jp/file/05-Shingikai-12601000-Seisakutoukatsukan-Sanjikanshitsu_Shakaihoshoutantou/0000158094.pdf（accessed 11 February 2022）.
2）厚生労働省政策統括官付政策評価官室　アフターサービス推進室「医療的ケアが必要な子どもと家族が、安心して心地よく暮らすために医療的ケア児と家族を支えるサービスの取組紹介」2018.
　　URL: https://www.mhlw.go.jp/iken/after-service-20181219/dl/after-service-20181219-01.pdf（accessed 11 February 2022）.

参考文献

朝比奈ミカ・菊池馨実編『地域を変えるソーシャルワーカー』岩波書店，2021.
奥田知志・原田正樹編『伴走型支援　新しい支援と社会のカタチ』有斐閣，2021.
永田祐『包括的な支援体制のガバナンス　実践と政策をつなぐ市町村福祉行政の展開』有斐閣，2021.
宮城孝・日本地域福祉学会地域福祉と包括的相談・支援システム研究プロジェクト編著『地域福祉と包括的支援システム　基本的な視座と先進的取り組み』明石書店，2021.

第 **11** 講

地域福祉にかかわる
社会資源の開発（演習）

　地域福祉においては、個人および家庭、そして、地域にかかわる社会資源を活用することができるように、制度や環境を整備するなどして住民等の多様な人々の参加を支援しながら、社会資源を開発したり、発展させたり、必要に応じて社会資源をつないだりするための役割を果たすことが求められます。地域福祉にかかわる社会資源には、専門職やボランティアの他に本人や家族、住民等を含む人的資源をはじめ、サービス、情報、学習、空間、ネットワーク、財源や、制度・システムが含まれます[1]。

　本講では、地域との関係を中心に、社会資源に関する必要性に基づいて、活用できそうな社会資源や活用をさらに発展させるための社会資源の協働について挙げるとともに、活用することが難しい社会資源を示したうえで、連携をとおして社会資源の活用を実現するための方法について考えてみましょう。

1　調査課題

　医療的ケア児者を中心とする病気や障害のある人々の、子ども時代からの生活において、地域にはどのような資源が必要であると考えますか。

（1）保健医療（災害等にかかわる安全の確保を含む）

（2）（子ども家庭）福祉

（3）教育・発達支援

（4）レクリエーション

（5）支援や地域福祉の構築・発展にかかわる参加

2 探究課題

（1）地域の課題の探究

　調査課題で挙げた必要な社会資源を活用して、地域ではそれぞれどのような取り組みを行うことができそうでしょうか。

（2）地域の課題の発見

　必要な社会資源でありながら、地域で活用することが難しい社会資源はあるでしょうか。

　どのような社会資源でしょうか。

　どうして活用することが難しいのでしょうか。

（3）（課題の解決のための探究）

　地域で活用することが難しい資源に関して、協働を促進することにより活用できると考えられる資源はあるでしょうか。

　どのような資源をどのようにつなぐとよいでしょうか。

　資源をつなぐ場合、どのような課題があるでしょうか。

（4）課題に基づいて地域福祉を構築・発展させるための探究

　地域で活用することが難しいと考えられる資源に関して、どのように住民等の参加を含め、資源や地域をともに発展させることができそうでしょうか。

註 ──

1）日本地域福祉学会「地域福祉教育のあり方研究プロジェクト報告書　協同による社会資
　源開発のアプローチ」2019.
　URL: efaidnbmnnnibpcajpcglclefindmkaj/http://jracd.jp/file/2019/201912chiiki_arikata_
　report.pdf（accessed 08 January 2023）.

参考文献

石山恒貴編著『地域とゆるくつながろう！　サードプレイスと関係人口の時代』静岡新聞社,
　2019.
「ケアマネジャー」編集部編・福島敏之著『現場で役立つ！社会保障制度活用ガイド　ケア
　マネ・相談援助職必携　2021年版』中央法規出版, 2021.
日本建築学会編『まちの居場所　ささえる／まもる／そだてる／つなぐ』鹿島出版会, 2019.
オルデンバーグ, R.著, 忠平美幸訳『サードプレイス　コミュニティの核になる「とびきり
　居心地よい場所」』みすず書房, 2013.

医療的ケア児者等の地域福祉に かかわるコーディネーターの役割

今日、住民主体で包括的支援の取り組みが進められている地域福祉において、必要に応じて利用可能な制度や支援等をつなぐ、専門性をもったコーディネーターの役割が重視されています。特に地域福祉においては、住民等が参加しやすい制度や環境をとおして、支援や地域を発展させることも期待できます。

本講では、地域福祉の理念に基づく、コーディネートをとおした支援、コーディネートにかかわる支援（以下、コーディネート支援）の在り方に関して探究してみましょう。

第1節　社会福祉にかかわるコーディネート支援

福祉に関しては、社会福祉士等の専門職を中心とするコーディネートによる支援が実施されてきました。「社会福祉士及び介護福祉士法」（昭和62年　法律第30号）の第2条には、社会福祉士について、「専門的知識及び技術をもって、身体上若しくは精神上の障害があること又は環境上の理由により、日常生活を営むのに支障がある者の福祉に関する相談に応じ、助言、指導、福祉サービスを提供する者又は医師その他の保健医療サービスを提供する者その他の関係者との連絡及び調整その他の援助を行うことを業とする」ことが定められています。関係する対象が広範におよぶため、それぞれと連絡したり調整したりすることをとおして支援するためのコーディネートの役割を果たすことが求められます。

さらに、今日コーディネーターが果たす役割は、日常生活を営むための直接的な支援の範囲に留まらず、分野横断的な社会資源の活用のための調整および支援体制や地域づくりにまでおよぶと考えられています[1]。

地域には、公私にわたり人や物等の多様な社会資源があります。一方、地域に居住する個人や家族のニーズは複合的な場合があり、地域においてそのニーズに応え、課題解決へつなげるためには、福祉はもとより、保健医療や、教育・保育等の分野を横断した、公的あるいは私的な社会資源との連携・協働を実現する必要があると考えられます。この過程では、各地域に応じて、利用可能な社会資源の実態や特性を理解し、課題の解決に適切な社会資源であるかを検討し、必要であれば多様な社会資源との連絡や調整、さらに、場合によっては社会資源を発展させる開発が求められることがあります。たとえば、医療的ケア児者のように、病気や障害のある子どもの場合、保健医療、（子ども家庭）福祉、教育・発達支援、レクリエーションや、支援や地域福祉の構築・発展にかかわる参加等に関して、本人や家族、それぞれの専門職、ボランティアや住民等をはじめ、サービス、情報、学習、空間、ネットワーク、財源や制度・システムにわたって、関係する人、物や場との連絡や調整、また、必要に応じた開発が求められます。

　このような実態をふまえて、社会福祉士等の今日の専門職には、相談や助言といった日常生活を営むことに支障がある人への直接的な支援とともに、分野横断的に地域の社会資源やその利用のための課題を検討したり、関係する他分野を含む専門職等の多様な社会資源と連携・協働したり、必要に応じて地域の社会資源をつないだり開発したりする役割を果たすことが求められています。「社会福祉士及び介護福祉士法」（昭和62年　法律第30号）第2条第1項目では、身体上もしくは精神上の障害があること、または、環境上の理由により、日常生活を営むのに支障がある者の福祉に関する相談に応じ、助言や、福祉サービス等を提供する者その他の関係者との連絡および調整、その他の援助を行うことを業とすることが定められています。特に、福祉にかかわるコーディネートによる支援については、住民のニーズと地域の社会資源とを把握し、ニーズに応じて調整・仲介することをとおして、地域の課題解決へとつなげることが期待されています。

1　コーディネートをとおした支援

　医療的ケア児等にかかわるコーディネート支援においては、地域における生活や、発達の支援にかかわる関係機関と連携・協働する役割が重視される傾向がみられます。厚生労働省（2016）「医療的ケア児の支援に関する保健、医療、福祉、教育等の連携の一層の推進について」では、医療的ケア児者等について、関係機関等の連携に向けた施策に関して、福祉や医療等の関係分野について一定の知識を有した者によってその生活の設計を支援する調整者が必要であるという考え方に基づいて、地方公共団体等において医療的ケア児の支援をコーディネートする者の育成を進めていく必要性が示されました[2]。

　また同資料では、特別な支援が必要な障害児に対する支援体制の整備として、特に医療的ケア児には、支援体制の充実と総合的な支援体制の構築が求められました[3]。具体的には、市町村等において、関連分野の支援に関して調整するコーディネーターとして養成された、相談支援専門員等の配置を促進することが挙げられています。

　医療的ケア児等に特化したコーディネーターは、医療的ケア児等コーディネーターと呼ばれ、担い手としては、医療的ケア児等の支援を総合的に調整できるよう、相談支援専門員をはじめ、保健師や、訪問看護師等が想定されています。

　コーディネーター支援として、医療的ケア児等に関する専門的な知識と経験に基づいて、とりわけ本人の健康を維持しつつ、支援にかかわる関係機関との連携（多職種連携）を図り、生活の場に多職種が包括的にかかわり続けることのできる生活支援システム構築のためのキーパーソンとしての役割が求められています。

　このコーディネーターの役割については、医療的ケア児が必要とする多分野にまたがる支援の利用を調整し、総合的かつ包括的な支援の提供につなげること、また協議の場に参画し地域における課題の整理や地域資源の開発等を行いながら、医療的ケア児に対する支援のための地域づくりを推進するといった内

容が示されました。また、市町村等の単独による配置が困難な場合、圏域での配置であっても差し支えないとされました。

　具体的な役割として、医療的ケア児等に関する専門的な知識と経験の蓄積、多職種連携を実現する水平関係（パートナーシップ）の構築、本人中心の支援と自立支援を継続する家族との信頼関係づくり、医療的ケア児等の相談支援業務（基本相談、計画相談、ソーシャルワーク）、サービス等利用計画（障害児支援利用計画）を作成する相談支援専門員のバックアップ、地域に必要な社会資源等の改善や開発に向けての実践力が挙げられ、これらを実施する資質が求められます。

　さらに、医療的ケア児等が地域において安心して生活するための支援を適切に実施できる人材を養成し、支援にかかわる保健医療、福祉、教育等の関係機関の連携体制を構築することをとおして地域生活支援を発展させることを目的に、都道府県や指定都市の地域生活支援促進事業として、地域により2018年度から開始された医療的ケア児等コーディネーターの養成研修等事業が実施されることになりました[4]。人材の養成においては、医療的ケア児等の支援従事者の養成研修、および支援を総合的に調整するコーディネーターの養成研修を実施することが求められています。また、現状の把握や分析、連絡調整、支援にかかわる協議等、地域の課題と解決方法を検討するために、関係機関および当事者団体等によって構成される協議の場を設置する必要があることも示されています（厚生労働省「障害福祉サービス等及び障害児通所支援等の円滑な実施を確保するための基本的な指針〔平成十八年厚生労働省告示第三百九十五号〕」〔最終改正　令和二年　厚生労働省告示第二百十三号〕）。

2　コーディネートをとおした支援の対象

　医療的ケア児等コーディネーターが協働する対象の機関としては、保健センター、救命救急センター、地域中核病院等、診療所等、訪問看護ステーション、相談事業所、障害福祉サービス事業所、児童発達支援センター等、障害児入所施設や、学校（特別支援学校を含む）等の地域の専門機関が想定されています。

　さらに、2021年に「医療的ケア児及びその家族に対する支援に関する法律」

（令和3年法律第81号。「医療的ケア児支援法」）の施行に伴って、第14条第1項に定められた「医療的ケア児支援センター」（支援センター）の整備についても検討が進められています5)。同条同項では、医療的ケア児と家族からの相談対応や助言等（後述）について、都道府県知事が社会福祉法人その他の法人で業務を適正かつ確実に行うことができると認めて指定した者（医療的ケア児支援センター）に行わせる、または、自ら行うことができると定められています。

　また同条に関し、支援センターが行う業務の範囲として、「医療的ケア児及びその家族その他の関係者に対し、専門的にその相談に応じ、又は情報の提供若しくは助言その他の支援を行うこと」、「医療、保健、福祉、教育、労働等に関する業務を行う関係機関及び民間団体ならびにこれに従事する者に対し医療的ケアについての情報の提供及び研修を行うこと」、「医療的ケア児及びその家族に対する支援に関して、医療、保健、福祉、教育、労働等に関する業務を行う関係機関及び民間団体との連絡調整を行うこと」と、その業務に附帯する業務が示されました。

　加えて、支援センター業務の具体的な内容等として、「医療的ケア児等からの相談への助言等」も挙げられました。具体的には、どこに相談すればよいかわからない状況にある医療的ケア児等からの様々な相談について、しっかりと受け止め、関係機関と連携して総合的に対応することが求められました。

　さらに、相談内容に応じて、地域において活用可能な社会資源（施策）等の情報を提供しつつ、適切な関係機関を紹介する他に、関係機関等のうち複数の機関との調整を要するような相談内容については、関係機関等への連絡・調整を行い、切れ目のない相談・援助に努めることも要請されました。この関係機等には以下のような例が挙げられています。

　　　　保健医療：地域において医療的ケア児への対応に中核的な役割を担っている病院、診療所、薬局、訪問看護ステーション 等
　　　　　　保健所、保健センター 等
　　　福祉：相談支援事業所、障害福祉サービス事業所、児童発達支援センター、その他の障害児通所支援事業所、保育所 等
　　　教育：教育委員会、小学校、中学校、高校、特別支援学校 等

労働：ハローワーク、障害者就業・生活支援センター 等

　さらに、相談者に対する的確な情報提供や、関係機関等との適切な連携を行うために、支援センターの設置後に、都道府県と協力しつつ、速やかに、広報誌等を活用した支援センター設置に関する広報、関係機関等との顔合わせや、管内の医療的ケア児にかかわる施策等の社会資源等の情報収集等を進めていく必要があるという考え方が示されました。

　また、支援センターにおける「医療的ケア児等からの相談への助言等」と、地域のコーディネーターが行う相談や助言等との関係については、従来から地域のコーディネーターが、医療的ケア児者等の相談に対して適切な社会資源を紹介したり、必要に応じて地域の関係機関等との調整等を実施してきた動向等をふまえて、「医療的ケア児等からの様々な相談について総合的に対応する窓口を都道府県が設置できるとした」ことは、「市町村等において、医療的ケア児者等からの相談対応を行わないこととしたものではなく、市町村等においても、引き続き、各制度の相談窓口や、医療的ケア児等の相談にかかわる一元的な窓口において、適切に対応することが求められる」ことが明記されています。

　加えて、複数の関係機関等との調整が必要な場合や、調整が困難なケースへの対応にあたって、都道府県または支援センターの助言等を受けつつ、最終的に市町村等をはじめ地域の関係機関等に引き継ぐ場合があることから、市町村等でも引き続き、医療的ケア児等コーディネーターの配置等により、医療的ケア児等が必要な支援につながる体制整備を進める必要があることが示されています。

　厚生労働省「障害福祉サービス等及び障害児通所支援等の円滑な実施を確保するための基本的な指針」にも示されている通り、医療的ケア児者等を含む今後の障害児者支援は、地域共生社会の実現に向けた取り組みとして、地域のあらゆる住民が「支え手」と「受け手」に分かれることなく、生活や地域等をともに構築し発展させることができるように、計画的に取り組みを推進することが求められるようになっています6)。具体的には、「医療的ケア児が保健医療、福祉や、教育・保育等の支援を円滑に受けられる等、専門的な支援を要する者に対して、関連分野が共通の理解に基づき協働する包括的な支援体制の構築」

や、「地域の実情に応じた、制度の縦割りを超えた柔軟なサービスの確保等にかかわる取組」とあわせて、「地域住民が主体的に地域づくりに取り組むための仕組み作り」が挙げられており、医療的ケア児者等を包摂した地域福祉の構築等においても、地域住民等の参加を確保した支援や制度の発展が求められるところです。

　実際に、住民等の参加を確保した福祉や地域の構築に先進的な市町村等では、福祉を含む地域の課題の解決に関して、住民等の参加を確保するためのコーディネート支援が活用されています。具体的には、保健医療、福祉をはじめ、教育や保育等の支援機関が有機的に機能できるよう、情報や支援内容が共有され、整備体制や連携の場にかかわる協議が実施されています。このような活動には、地域の医師会等もネットワーク活動等をとおして参加しており、医療的ケア児者等を含む誰もが子ども時代から安心して生活することができる地域の実現のために、住民等の参加を確保するためのコーディネート支援をとおして、地域福祉の支援体制を発展させることが推進されています。

 註

1）厚生労働省「ソーシャルワーク専門職である社会福祉士に求められる役割等について」2017.
　　URL: https://www.mhlw.go.jp/file/05-Shingikai-12601000-Seisakutoukatsukan-Sanjikanshitsu_Shakaihoshoutantou/0000158094.pdf（accessed 19 February 2022）.
2）厚生労働省「医療的ケア児の支援に関する保健、医療、福祉、教育等の連携の一層の推進について」2016.
　　URL: https://www.mhlw.go.jp/web/t_doc?dataId=00tc2000&dataType=1&pageNo=1（accessed 19 February 2022）.
3）厚生労働省「医療的ケア児等総合支援事業（地域生活支援促進事業）　医療的ケアのある子どもとその家族の笑顔のために」.
　　URL: https://www.cao.go.jp/bunken-suishin/kaigi/doc/teianbukai99shiryou3_3.pdf（accessed 19 February 2022）.
4）厚生労働省「障害福祉サービス等及び障害児通所支援等の円滑な実施を確保するための基本的な指針（平成十八年　厚生労働省告示第三百九十五号）」（最終改正　令和二年　厚生労働省告示第二百十三号）.

URL: https://www.mhlw.go.jp/content/000631496.pdf（accessed 08 January 2023）.
5）厚生労働省社会・援護局障害保健福祉障害福祉課「医療的ケア児及びその家族に対する
　支援に関する法律の施行に係る医療的ケア児支援センター等の業務等について」.
　URL: https://www.mhlw.go.jp/content/000928614.pdf（accessed 19 February 2022）.
6）前掲、厚生労働省「障害福祉サービス等及び障害児通所支援等の円滑な実施を確保する
　ための基本的な指針（平成十八年厚生労働省告示第三百九十五号）」（最終改正　平成29年
　厚生労働省告示第百十六号）.

参考文献

末光茂・大塚晃監修『医療的ケア児等コーディネーター養成研修テキスト』中央法規出版,
　2017.
東京都社会福祉協議会『地域福祉コーディネーターの役割と実践　東京から『我が事・丸ご
　と』地域共生社会を切り拓く！コーディネーター座談会から』東京都社会福祉協議会,
　2017.
西上ありさ『ケアする人のためのプロジェクトデザイン　地域で「何かしたい！」と思った
　ら読む本』医学書院, 2021.
広石拓司『専門家主導から住民主体へ　場づくりの実践から学ぶ「地域包括ケア×地域づく
　り」』エンパブリック, 2020.

地域福祉とポジティブ・ウェルフェアの推進（演習）

　今日、社会福祉においては、福祉（welfare）を積極的（positive）に理解し、参加型の社会保障の確立に向けた「ポジティブ・ウェルフェア」（positive welfare）という考え方に基づいて支援する動向がみられます。

　本講では、「ポジティブ・ウェルフェア」の理解に基づいて、地域社会における「ポジティブ・ウェルフェア」の在り方や支援の方法について探究してみましょう。

第1節　ポジティブ・ウェルフェアとは

　「ポジティブ・ウェルフェア」は、「参加型社会保障」と訳されています。福祉国家か市場経済かといった対立を乗り越えてより高い段階で統合するための核になる構想の一つとして、福祉を人への積極的な投資としてとらえる考え方です。

　厚生労働省は、2010年に、「少子高齢社会の日本モデル」を策定すること等を掲げた「厚生労働省の目標」を公表し、目標を達成する方策等の検討の過程で、参加型社会保障（ポジティブ・ウェルフェア）という考え方を示しました[1]。また『平成22年版　厚生労働白書』では、ポジティブ・ウェルフェアについて、「かつての社会保障（「消費型・保護型社会保障」と名づける）とは異なる新たな概念」であり、「経済成長の足を引っ張るものではなく、経済成長の基盤を作る未来への投資」と定義し、以下のような特徴を挙げています。

- ・「機会の平等」の保障のみならず、国民が自らの可能性を引き出し、発揮することを支援すること
- ・働き方や、介護等の支援が必要になった場合の暮らし方について、本

人の自己決定（自律）を支援すること（例えば住み慣れた地域や自宅に
住み続けられるように支援することなど）

・社会的包摂（Social Inclusion）の考え方に立って、労働市場、地域社会、
家庭への参加を保障すること

ここにもあるように、「ポジティブ・ウェルフェア」は、医療的ケア児者を
含む病気や障害のある人々を排除しないことはもとより、病気や障害の有無に
関係なく、あらゆる人々を社会的に包摂（social inclusion）する概念です。仕事
や家庭、地域社会などへの参加の過程において、多様な人々が相互にかかわる
ことにより、個人や組織、社会全体の力やその可能性を発達させることが期待
できます。また、人々との双方向型の支援や社会を構築したり発展させたりす
る概念です。その範囲は、人や社会のレジリエンス（resilience：弾性。困難な
状況に直面した際にバネが回復するようにしなやかに対応する能力）の強化等を含
む、対処能力におよびえます。

特に、地域福祉においては、病気や障害があっても生活できる支援の充実な
ど、地域共生社会の構築や発展にかかわる課題を見出し解決するために、多様
な人々が参加しやすい仕組みをつくる必要があり、その上で身近な住民等が果
たす役割に期待が寄せられています。多様な人々が参加し、生活や地域にかか
わるプラスの価値を発見し増大する人や社会の構築や発展にかかわる支援が求
められるところです。

「ポジティブ・ウェルフェア」の理念に基づいて地域福祉を実現していくに
あたり、地域資源にも注目する必要があります。「ポジティブ・ウェルフェア」
の理念を支える地域資源には、法律等において規定された法定資源、国や地方
公共団体等の行政機関や、福祉や医療等の専門職がかかわる専門的資源に留ま
らず、住民等を含むサードセクター（third sector：非営利組織等）も含まれます。
このような多様な地域資源を社会的に包摂しつつ、新たに開発し発展させる取
り組みも大切になります。このような過程をとおし、地域の課題や解決にかか
わる多様な住民の参加を確保して、地域福祉の支援体制を多様な参加者ととも
に発展させながら、地域共生社会を確立していくことが求められます。

日本でも、多くの地域において、「ポジティブ・ウェルフェア」にかかわる

実践が報告されてきました[2]。厚生労働省が挙げる好事例として、「地域で暮らし続ける」ために、地方公共団体の単独事業として実施された、障害者、子育て家庭や、高齢者等が世代を超えて交流しながら生活する実践等があります[3]。また、住民も参加する地域に開かれた運営体制に基づいて、支援が必要な人が誰でも利用できるように、小規模で多機能な支援拠点の整備が促進されてきました。具体的には、地域の課題に対応して、「集う」（子どもの居場所）、「訪ねる」（高齢者の見守り、家事代行）、「送る」（送迎、外出支援）、「預かる」（一時預かり）、「泊まる」（緊急時の宿泊）、「働く」（就労支援）等を支援する事業や取り組みが実施されてきました。

　誰もが、地域において必要な支援を得ながら安心して生活できるよう、地域社会における支援体制の構築や発展が目指されています。

第2節　地域社会における「ポジティブ・ウェルフェア」（演習）

　「ポジティブ・ウェルフェア」の理解に基づいて、地域社会の支援において「ポジティブ・ウェルフェア」をどのように実践していけるかを考えてみましょう。

1　調査課題

　地域社会において推進されてきた「ポジティブ・ウェルフェア」の例について調べてまとめてみましょう。

2 探究課題1

　地域社会において推進することが求められる「ポジティブ・ウェルフェア」の例について探究してみましょう。

（1）地域社会において解決されていないと考えられる課題（身近でみたりきいたりした、あるいは自身が困ったり心配したりしていることなど）

（2）「ポジティブ・ウェルフェア」の理念に基づいて、（1）の地域課題を解決することが求められると考える理由

（3）「ポジティブ・ウェルフェア」の理念に基づいて課題を解決するための方法の例

3　探究課題 2

まとめた成果を報告し合い、共有してみましょう。

（1）どのような報告がありましたか？

（2）特に印象に残った報告を挙げてみましょう。
また、その報告のどのような点が評価できると思いましたか？

（3）これまでの演習をとおして新たにどのような課題が見出されましたか？
この課題に対してどのような方策が考えられますか？

註 ————————————————————————————————

1）厚生労働省「参加型社会保障（ポジティブ・ウェルフェア）の確立に向けて」『厚生労働白書　平成22年版』.
　　URL: https://www.mhlw.go.jp/wp/hakusyo/kousei/10/dl/02-02-01.pdf（accessed 08 January 2023）.
2）同上Web Page.
3）厚生労働省『厚生労働白書　平成28年版』.
　　URL:　https://www.mhlw.go.jp/wp/hakusyo/kousei/16/dl/1-04_04.pdf（accessed 08 January 2023）.

参考文献

Anthony Giddens, *The Third Way The Renewal of Social Democracy*, Polity, 1998.
Janie Percy-Smith, *Policy Responses to Social Exclusion*, Open University Press, 2000.
ギデンズ，A.著，今枝法之・干川剛史訳『第三の道とその批判』晃洋書房，2003.
ギデンズ，A.・渡辺聡子『日本の新たな「第三の道」　市場主義改革と福祉改革の同時推進』ダイヤモンド社，2009.
石山恒貴編『地域とゆるくつながろう！　サードプレイスと関係人口の時代』静岡新聞社，2019.
筧裕介『ソーシャルデザイン実践ガイド　地域の課題を解決する7つのステップ』英治出版，2013.
筧裕介監修，issue＋design project著『地域を変えるデザイン　コミュニティが元気になる30のアイデア』英治出版，2011.
鎌田華乃子『コミュニティ・オーガナイジング　ほしい未来をみんなで創る5つのステップ』英治出版，2020.
広井良典『人口減少社会のデザイン』東洋経済新報社，2019.

第 **14** 講

学習全体のまとめ

以下の問いに取り組み、これまでに学習した内容を確認してみましょう。

1．2020年に公布された「地域共生社会の実現のための社会福祉法等の一部を改正する法律」（令和2年　法律第52号）に基づいて構築することが求められる重層的な支援体制について説明してください。（主に第4講で学習）

2．2021年に施行された改正社会福祉法の第4条によって定められた地域福祉の推進に関して説明してください。（主に第4講で学習）

3．地域包括支援の構築のために推進されている「地域ケア会議」について説明してください。（主に第8講で学習）

4．地域福祉にかかわる相談支援体制に関する「分野横断的な社会資源の調整および支援体制・地域づくり」に関して説明してください。（主に第10講で学習）

5．地域福祉において「コーディネートをとおした支援」は、どのような役割を果たすことが期待されているでしょうか。（主に第12講で学習）

6．「ポジティブ・ウェルフェア」とはどのような考え方でしょうか。
また、「ポジティブ・ウェルフェア」の理念に基づいた支援の例を挙げてください。（主に第13講で学習）

あ と が き

　本書をとおして、医療的ケア児者等を包摂する子ども時代からの地域福祉に関して学習されたみなさんは、今どのようなことを考えておられるでしょうか。

　本書では、福祉の概念や実践が、一方向的に与えられるものから、社会を構成する私たちが、障害のある子どもや家族等も含めた多様な地域住民とともに考え、双方向的に発展させるものへと変容してきたことを学びました。また、地域共生社会の実現を目指し、住民が仕事、家庭、社会的な活動等へ多様なかたちで参加できるよう支援することにより、地域福祉や地域社会全体を構築・発展させるという展開がみられることも確認してきました。そして、演習等をとおして、住民等の主体的な参加を得て、地域の福祉と、福祉をとおした地域の構築や発展を進める実践について学ぶ機会もありました。加えて、医療的ケア児者等を包摂する子ども時代からの福祉を推進するための、地域課題の発見や解決策に関して、自分の興味・関心等に基づいて考えたり、他の参加者等とともに話し合ったり探究したりする機会もあったかもしれません。

　福祉は、社会の影響を受けながら、その時代に生きる人々によって実現され、発展されうるものです。福祉や地域社会にかかわる当事者であるみなさんが、子ども・若者時代からの地域社会への参加支援をとおして、これからの福祉や地域の在り方を我が事として、丸ごと、包括的に考えるきっかけとして、本書が少しでも役立ちますことを願ってやみません。

　本書がみなさまと出会うことができたのは、編集の過程で貴重なご指摘をお示しいただいた出版社のご担当者さまのおかげです。この場をお借りして、心よりお礼申し上げます。

　本書の試みは、医療的ケア児者等を包摂する子ども時代からの地域福祉について考えるためのほんの一助にすぎませんが、学習の過程での知識や実践等との出会いをとおして、地域福祉にかかわる考え方や実践をみなさんとさらに発展させていけるよう期待しています。

著　者

索　引

監 修

山本 勇（やまもと・いさむ）

大阪大学医学部医学科卒業。医師。医学博士（大阪大学）。国立大学法人大阪大学大学院薬学研究科准教授、国立大学法人東京外国語大学保健管理センター所長等を経て、淑徳大学総合福祉学部特任教授、他。主な著書に、『新しいDNAチップの科学と応用』（共著、講談社サイエンティフィク）、『最新医学 別冊 脂質異常症（高脂血症）代謝1』（共著、最新医学社）、『骨粗鬆症治療と服薬指導の実践』（共著、先端医学社）、他。 主な監修書に、『医療的ケア児者を包摂する教育支援とICT活用』『養護教諭養成課程 医療的ケア児支援を含む基礎看護実技』『小児保健衛生 保健・教育における保健衛生の基礎と実践』『実践にかかわる専門職と学び考える 障害児保育・教育』『子どもの保健』（以上、北樹出版）、他。

著 者

山本 智子（やまもと・ともこ）

白梅学園大学大学院子ども学研究科博士課程修了。看護師。博士（子ども学）。国立音楽大学音楽学部准教授。主な単著に、『医療的ケア児者を包摂する教育支援とICT活用』『養護教諭養成課程 医療的ケア児支援を含む基礎看護実技』『小児保健衛生 保健・教育における保健衛生の基礎と実践』『音楽キャリア発達支援』『子どもの保健』（以上、北樹出版）、『社会福祉論』『知的障害者の生理・病理および心理と教育・支援』『子ども家庭福祉』『子どもの理解と援助』『青年期・老年期の発達と心理』（以上、開成出版）、『子どもが医療に参加する権利』（講談社）、他。編著に『実践にかかわる専門職と学び考える 障害児保育・教育』（北樹出版）、『乳児保育の基礎と実践』（大学図書出版）他。共著に、『ICTを活用した小学校デジタル教材アイデア66』（ジダイ社）、『はじめて学ぶ知的障害児の理解と指導』（大学図書出版）、『教師と学生が知っておくべき特別支援教育』（北樹出版）、『新版 新しい保育原理』（大学図書出版）、『生命・人間・教育（埼玉学園大学研究叢書第14巻）』（明石書店）、他。

医療的ケア児者等を包摂する
子ども時代からともに考え発展させる地域福祉

2023年3月31日 初版第1刷発行

監 修 山本 勇
著 者 山本 智子
発行者 木村 慎也

定価はカバーに表示 印刷 恵友社／製本 川島製本所

発行所 株式会社 北樹出版

〒153-0061 東京都目黒区中目黒1-2-6
URL:http://www.hokuju.jp
電話(03)3715-1525(代表) FAX(03)5720-1488